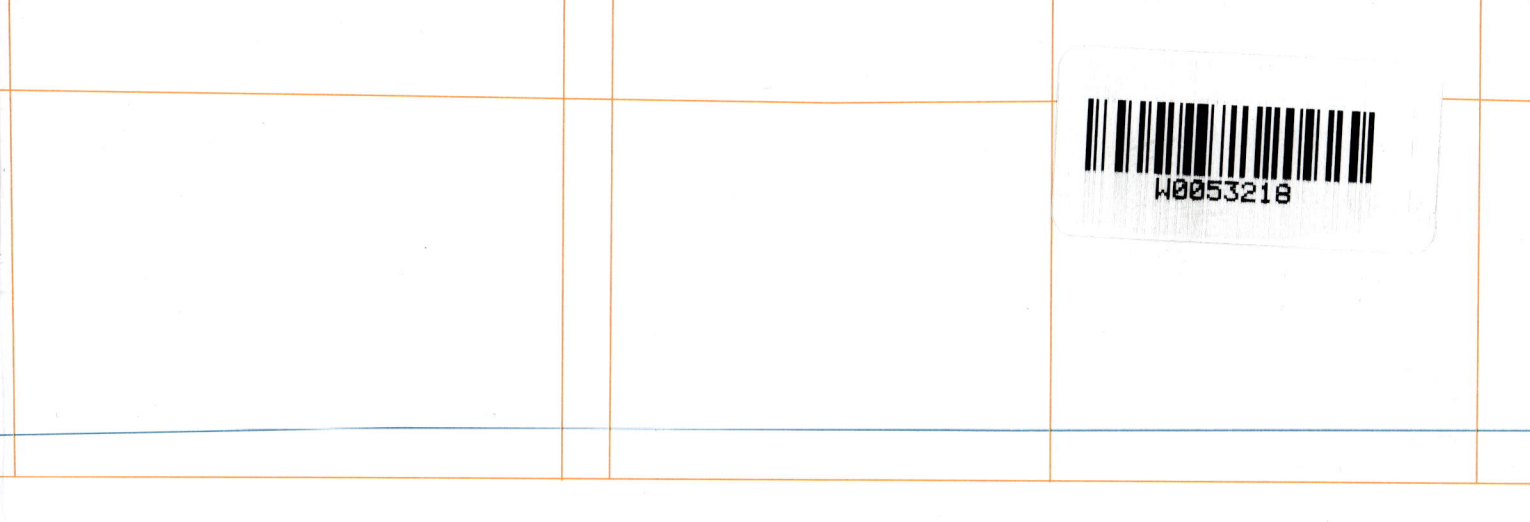

9

deutsch.kompetent

Arbeitsheft

Erarbeitet von:
Matthias Bode
Melanie Dutzi
Susanne Jugl-Sperhake
Rosemarie Lange
Elisabeth Schuchart
Barbara Schugk

Ernst Klett Verlag
Stuttgart · Leipzig

So funktioniert der deutsch.kompetent-Code auf www.klett.de

Der Code führt dich zu weiteren Materialien, wie zum Beispiel Hörtexten und Arbeitsblättern. Geh auf **www.klett.de/online**. Gib dort den Code in der Suchleiste ein, zum Beispiel **3gg644**.

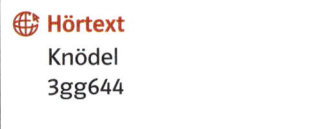

🌐 **Hörtext**
Knödel
3gg644

Differenzierung

○ leicht
◐ mittel
● schwer

1. Auflage   1 ⁷ ⁶ ⁵ ⁴ ³ | 24 23 22 21 20

Autoren: Matthias Bode, Düren; Melanie Dutzi, Achern; Susanne Jugl-Sperhake, Lippersdorf; Rosemarie Lange, Ruttersdorf; Claudia Lübeck, Isny; Elisabeth Schuchart, Leipzig; Barbara Schugk, Jessen; unter Verwendung von Materialien von Martina Blatt, Frankfurt a. M.

Redaktion: Annika Wiedemann, Leipzig; Ulrike Wünschirs, Leipzig
Redaktionsassistenz: Heike Etzold
Herstellung: Sylvia Kusch, Carolin Orlamünder

Umschlag und Layoutkonzeption: Petra Michel, Gestaltung und Typografie, Essen
Illustrationen: dortes71
Satz: Endless Creative, Holm Klix, Leipzig, tiff.any, Berlin
Reproduktion: Meyle + Müller GmbH + Co. KG, Pforzheim
Druck: Druckhaus Götz GmbH, Ludwigsburg

Printed in Germany
ISBN 978-3-12-316048-6

Inhalt

Sich und andere informieren

Materialien auswählen, auswerten und präsentieren

Schülerbuch S.17 ▪ Informieren

Prüfe bei der Auswahl **kontinuierlicher Sachtexte** Themenbezug, Verständlichkeit und Informationsgehalt. Werte geeignete Texte aus und kläre ihre **Funktion und Absicht**. Formuliere die **Kernaussagen** verschiedener Texte zum Beispiel in einem Schaubild. Es sollte **übersichtlich** und verständlich sein. Achte auf eine klare Gliederung und Darstellung sowie auf den Inhalt unterstützende Bilder oder Grafiken.
Bei der Auswertung **diskontinuierlicher Sachtexte** kläre zunächst Thema, Quelle und Darstellungsart und untersuche den Aufbau. Arbeite anhand der dargestellten Werte **Auffälligkeiten**, **Zusammenhänge** und **Entwicklungen** heraus. Erläutere bei der **Präsentation** das Thema und den Aufbau **schrittweise**. Ziehe daraus **Schlussfolgerungen** und verweise auf offene Fragen.

1. Erläutere das Balkendiagramm zur Reichweite der Energiereserven und -ressourcen.
   – Wann werden die Reserven der fünf Energieträger erschöpft sein?
   – Vergleiche die zur Verfügung stehenden Vorräte.

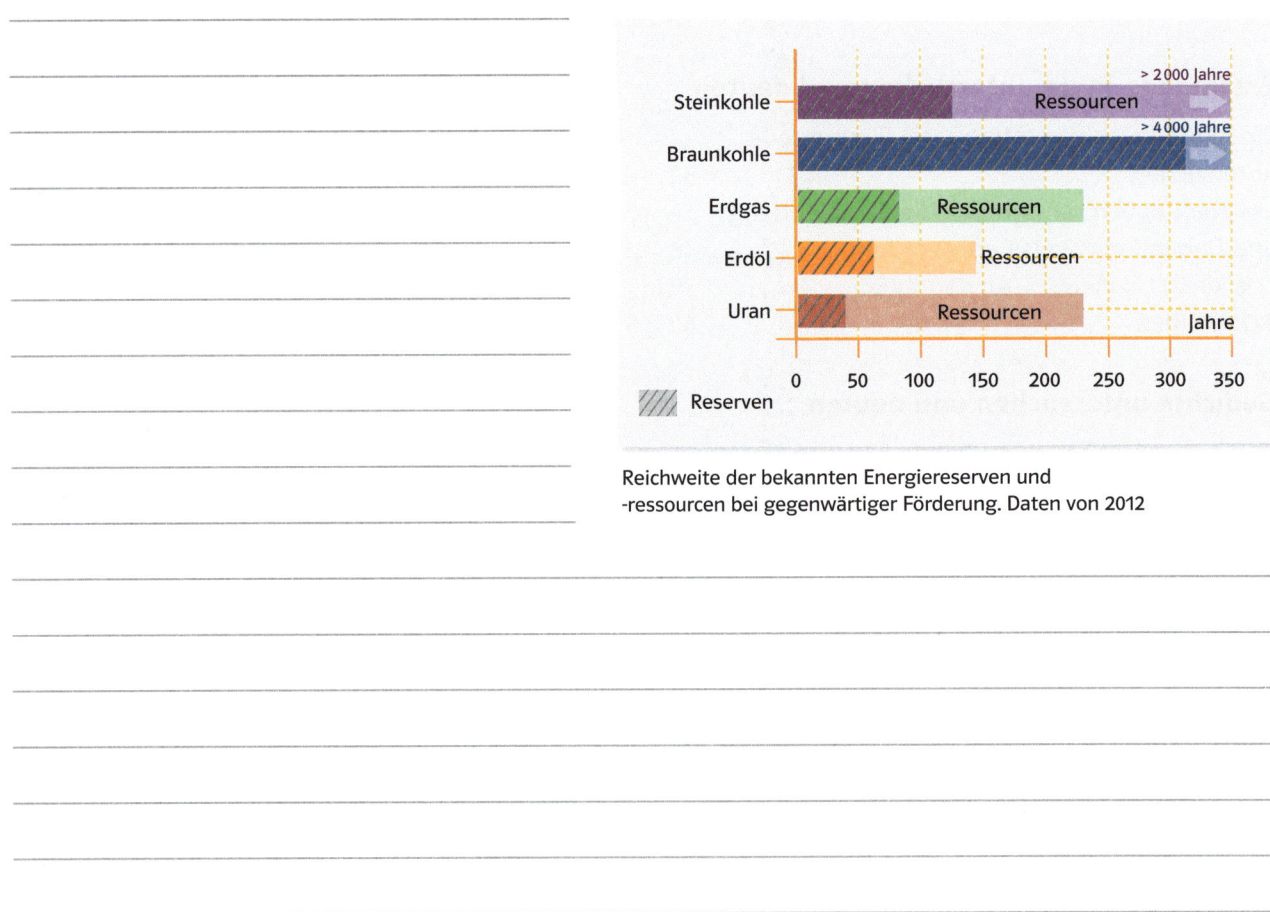

Reichweite der bekannten Energiereserven und -ressourcen bei gegenwärtiger Förderung. Daten von 2012

2. Bereite zum Thema „Alternativen zu fossilen Energiequellen" ein Referat vor. Prüfe folgende Materialien auf Themenbezug und Informationsgehalt. Markiere für dein Thema geeignete Textstellen farbig.

M1 Sven Geitmann: Fossile Energieträger (2005)

Im Laufe der Jahrhunderte und Jahrtausende haben sich die Energiequellen der Menschheit stetig gewandelt. In den Frühzeiten der Entwicklung wurde über Jahrtausende hinweg Holz verwendet. In der Alt-Steinzeit wurde aus Holz die höherwertige Holzkohle hergestellt. Im Altertum wurden dann Braun- und Steinkohle entdeckt und nutzbar gemacht. Der Vorteil der Kohle lag in einem
5 höheren Brennwert, bedingt durch ihre Entstehungsgeschichte. Bei den Ausgangsprodukten von Kohle handelt es sich um ein komprimiertes Gemisch aus tierischen und pflanzlichen Substanzen. Die Bestandteile sind demnach verschiedenartige Kohlenwasserstoff-Verbindungen, die über einen sehr langen Zeitraum unter der Erdoberfläche eingelagert waren und von den darüber befindlichen Erdschichten zusammengedrückt wurden.
10 Ähnlich ist es beim Erdöl und beim Erdgas. […] Alle fossilen Energieträger entstammen längst vergangenen Zeiten und haben Jahrmillionen bis zu ihrer Entstehung in der heute vorliegenden Form benötigt. […]
Anfang des 20. Jahrhunderts wurde die Kernenergie entdeckt. Mit dieser Technik konnten zwar beeindruckend große Energiemengen […] gewonnen werden. Dafür treten aber schwerwiegende
15 Entsorgungs- und Gesundheitsprobleme auf. […] Dieser Ausflug in die Kerntechnik entpuppte sich folglich als Sackgasse. […]

M2 Volker Quaschning: Erneuerbare Energien – gar nicht so neu (2013)

Die Vorkommen an fossilen Energieträgern wie Erdöl, Erdgas oder Kohle sind begrenzt. Sie werden in einigen Jahrzehnten verbraucht und damit einfach weg sein. Erneuerbare Energieträger „erneuern" sich hingegen von selbst. Entzieht ein Wasserkraftwerk beispielsweise einem Fluss die Kraft des Wassers, hört dadurch der Fluss nicht auf zu fließen. Der Energiegehalt des Flusses erneuert sich
5 von selbst, indem die Sonne Wasser verdunstet und der Regen den Fluss wieder speist. […] Andere erneuerbare Energieformen sind beispielsweise Windenergie, Biomasse, Erdwärme oder Sonnenenergie. Auch die Sonne wird in rund 4 Milliarden Jahren einmal erloschen sein. Verglichen mit den wenigen Jahrzehnten, die uns fossile Energieträger noch zur Verfügung stehen, ist dieser Zeitraum aber nahezu unendlich groß. […]

M3 Ganz schön energisch! Windenergie (2009)

Der Wind hat eine ungeheure Kraft. […] Seit über 30 Jahren wird damit sogar im großen Stil Strom erzeugt – und zwar so: Der Wind dreht die Flügel der Windkraftanlage, die über ein Getriebe mit einem Generator verbunden sind und diesen antreiben. Auf diese Weise wird etwa die Hälfte der Bewegungsenergie des Windes in elektrische Energie umgewandelt – keine schlechte
5 Leistung. In Deutschland stehen mittlerweile mehr als 20 000 Windanlagen. Deren Strom deckt etwa sechs Prozent des gesamten Verbrauchs in Deutschland. Windenergie ist damit in Deutschland die wichtigste Quelle erneuerbarer Energie.

Vor- und Nachteile:
+ unerschöpfliche Energiequelle
10 + kein Ausstoß von Kohlendioxid
+ unzuverlässig: Windstille; Abschaltung bei Windgeschwindigkeit von 90 km/h

− Rotierende Flügel gefährden Vögel.
− Windparks verändern nachhaltig die Landschaft und damit den Lebensraum vieler Tiere.

3.  Fasse ausgehend von deinen markierten Textstellen alle wesentlichen Informationen für dein Thema (Aufgabe 2) zusammen. Beziehe dabei auch die Aussage des Balkendiagramms (Aufgabe 1) ein. Arbeite im Heft.

4. Lege eine folgerichtige Gliederung für dein Referat zum Thema „Alternativen zu fossilen Energiequellen" an. Arbeite im Heft.

5. Begründe, welche der beiden folgenden Präsentationsfolien du zu dem Gliederungspunkt „Technologien erneuerbarer Energien und ihre Vor- und Nachteile" gelungener findest.

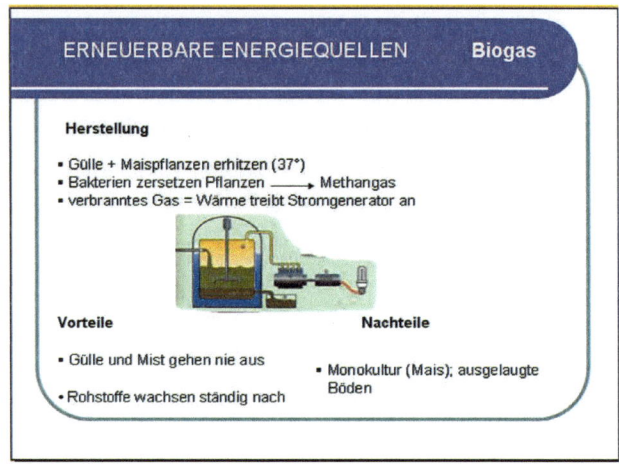

_____

_____

_____

_____

6. Entwirf zu einem Punkt deiner Gliederung (Aufgabe 4) eine Folie, die du im Referat verwenden könntest. Arbeite im Heft oder am Computer.

7. Fertige auf Grundlage der Materialien und deiner Vorarbeiten einen Stichpunktzettel zum Thema „Alternativen zu fossilen Energiequellen" an. Erstelle ein Handout und halte das Referat vor der Klasse.

8. Sieh dir das Diagramm genau an. Notiere Stichpunkte zu Thema, Diagrammart und Aufbau des Diagramms.
  – Beschreibe Auffälligkeiten.
  – Kläre dir unbekannte Begriffe und Abkürzungen. Arbeite im Heft.

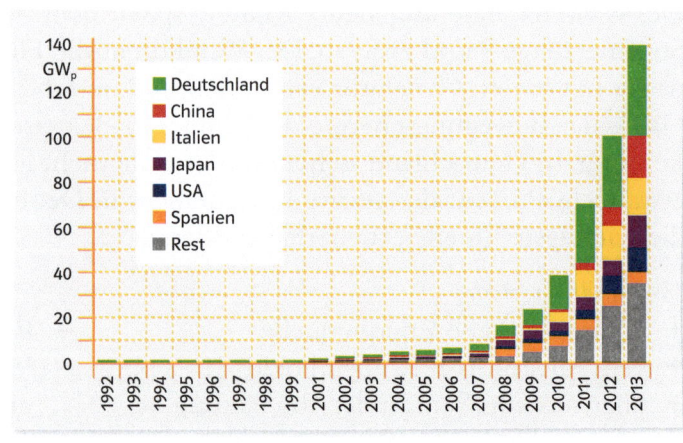

Weltweit installierte Fotovoltaikleistung. Daten von 2014

9. Untersuche das Diagramm (S. 6) unter folgenden Aspekten und notiere Stichpunkte.

a) ersichtliche Entwicklungstendenz insgesamt

b) auffällige Entwicklungen einzelner Länder

c) Art der Entwicklung in Deutschland (z. B. im Vergleich zu China)

10. Werte die Tabelle aus für einen genaueren Vergleich der Länder in Bezug auf die Fotovoltaikleistung. Fülle dann die Übersicht aus. Orientiere dich an dem Beispiel.

Installierte Fotovoltaikleistungen* nach Ländern in MW ab 2008 (Tabelle gekürzt)

Land	2008	2009	2010	2011	2012	2013 v)**
China	140	300	800	3300	7000	18300
Deutschland	6160	9959	17370	24820	32411	35700
Italien	458	1181	3502	12803	16250	17450
Japan	2144	2627	3618	4914	7000	13900
Spanien	3463	3523	3915	4260	5100	5150
USA	1169	1616	2534	3966	7221	12020

* Energiegewinnung durch Ausnutzung von Sonnenlicht
**v = vorläufige Schätzung, MW = Megawatt, nach: Professor Dr. Volker Quaschning, HTW Berlin, 2014

Land	2008 Werte in MW	Rang	2013 Werte in MW	Rang	Steigerung als Vielfaches (ca.)
Italien	458	5	17450	3	38-fache

11. Vergleiche den Informationsgehalt, die Verständlichkeit und Übersichtlichkeit des Diagramms (S. 6) und der Tabelle. Liste Vor- und Nachteile der Darstellungsformen auf. Arbeite im Heft.

Sachtexte schriftlich analysieren

Schülerbuch S.22 ■ Sachtexte

Mit einer **Sachtextanalyse** erschließt du **wesentliche Aussagen**, die **gedankliche Struktur** und die **Absicht** eines Textes unter Berücksichtigung der **sprachlichen Gestaltung**, ihrer **Funktion** und **Wirkung**.
In der **Einleitung** nennst du Textsorte, Autor/-in, Titel, Thema, Quelle, Funktion und Kernaussage des Textes. Im **Hauptteil** fasst du zunächst den Inhalt absatzweise zusammen und legst dar, wie der Text thematisch und gedanklich aufgebaut ist. Du erläuterst für jeden Absatz die Autorenabsicht und zeigst, wie sie durch sprachliche Mittel unterstützt wird. Den **Schlussteil** nutzt du, um ein **Fazit** zu ziehen, du fasst also zusammen, wie die Absicht des Textes durch Inhalt, Aufbau und sprachliche Gestaltung umgesetzt wird.

1. Lies den folgenden Text „Ausgebrannt" von Holger Wille. Nutze zur Erschließung des Textes die Fünf-Gang-Lesemethode.

nach Holger Wille: Ausgebrannt (2009)

Deutschland im Sommer 2009: Menschen stürmen Baumärkte, drängen durch die Gänge. Ihr Ziel: die Elektroabteilung. Genauer: die Regale, in denen sich 100-Watt-Glühbirnen stapeln. Manche packen gleich 300 Stück
5 ein. Reine Vorsichtsmaßnahme. Denn in der Europäischen Union gehen langsam die Lichter aus – zumindest jene, in denen Glühbirnen stecken. Bis 2012 werden die Schritt für Schritt aus den Läden verbannt. Als erste waren – schon im September 2009 – die 100-Watt-Birnen dran. Dabei sind
10 die Birnen nicht giftig oder gefährlich.
Aber Glühlampen verschwenden Strom. Viel Strom! Nur etwa ein Zehntel der zugeführten Energie wandeln sie in Licht um. Der große Rest verpufft als Wärme. Und genau das wollten sich die Umweltminister der Europäischen Union nicht länger mit
15 ansehen. Sie verboten die Glühbirne. Schließlich gebe es, sagten sie, doch sparsamere Lichtquellen. Die Energiesparlampe zum Beispiel. Die verbraucht lediglich ein Fünftel des Stroms, den die Glühbirne benötigt. Experten haben einmal ausgerechnet: Tauschten alle Deutschen ihre Glühbirnen aus – man könnte so viel Energie einsparen, dass ein großes Kohlekraftwerk überflüssig wäre! Trotzdem hängen viele Menschen an der Glühbirne. So sehr, dass sie sich nun die restlichen Ex-
20 emplare sichern und ihre Dachböden damit vollstopfen. Sie mögen die Energiesparlampen einfach nicht. Vor allem aber bemängeln sie, die EU-Politiker hätten nicht richtig hingesehen, als sie ihr Gesetz formulierten: Die Sparflammen strahlten doch viel zu „kalt", kein Vergleich zur alten Glühbirne. Tatsächlich ist das Licht der Glühbirne dem des Sonnenlichts sehr ähnlich und entsprechend angenehm. Energiesparlampen strahlen dagegen eher bläulich. Das wirkt dann eben kalt und unge-
25 mütlich. Manche behaupten auch, das neue Licht mache die Menschen missmutig.
Aber mal ehrlich: Wenn eine Energiesparlampe im Lampenschirm steckt, fällt der Unterschied kaum auf. Viel auffälliger ist in diesem ganzen Glühbirnengerede etwas anderes. Dauernd diskutieren wir darüber, wie wichtig es ist, die Umwelt zu schützen – und zum Beispiel Strom zu sparen. Bloß verändern will sich kaum jemand dafür, nicht einmal an das Licht der Strom sparenden Lam-
30 pen gewöhnen!

Quelle: GEOlino extra Energie, Nr. 21

2. Skizziere in Stichpunkten den gedanklichen Aufbau des Textes und fasse die Kernaussage zusammen. Kläre die Absicht des Textes und die Zielgruppe.

_____

_____

_____

_____

_____

_____

_____

_____

_____

3. Beschreibe, wie der Autor unterschiedliche Sichtweisen zum Thema „Energiesparlampe" darstellt. Unterstreiche farbig Pro- und Kontra-Argumente im Text. Gib die Meinung des Autors mit eigenen Worten wieder.

_____

_____

_____

_____

_____

_____

4. Notiere je ein Beispiel mit Zeilenangabe für folgende sprachliche Mittel, die im Text „Ausgebrannt" (S. 8) Verwendung finden. Beschreibe ihre Funktion im Text.

Ironie   Hyperbel   Ellipse   Aufwertung   Abwertung

_____

_____

_____

_____

_____

5. Verfasse eine Sachtextanalyse zu dem Text „Ausgebrannt" von Holger Wille (S. 8). Nutze dazu deine Ergebnisse aus den Aufgaben 2–4. Überarbeite im Anschluss deinen Text. Arbeite im Heft.

 **Training
interaktiv**
Informieren
ar7sb7

● **Das kannst du jetzt!** ☆

1. Lies den folgenden Text von Volker Quaschning und betrachte die Abbildung. Halte wesentliche Informationen und die gedankliche Gliederung schriftlich fest. Arbeite im Heft.

2. Erläutere die Kernaussage und die Absicht des Textes. Beschreibe, mithilfe welcher sprachlichen Mittel der Autor seine Meinung darlegt. Arbeite im Heft.

nach Volker Quaschning:
Nicht konventionelle Vorräte – Verlängerung des Ölzeitalters (2013)

Konventionell wird Erdöl nach dem Anbohren unterirdischer Tanks einfach abgepumpt. Solche tankartigen Lager sind aber fast erschöpft. Die dadurch seit den 1990er-Jahren extrem gestiegenen Öl- und Gaspreise machen die Erschließung ganz neuer Vorkommen interessant, die mit nicht-konventionellen Methoden gefördert werden. In Nordamerika ist ein regelrechtes neues Öl- und
5 Gasfieber ausgebrochen. Bereits in wenigen Jahren könnte der Kontinent jenseits des Atlantiks kurzzeitig sogar den Nahen Osten bei der Förderung von Erdöl und Erdgas überholen. Kanada und die USA nutzen verschiedene Methoden unkonventioneller Erdölförderung. In der kanadischen Provinz Alberta und in Venezuela schlummern enorme Mengen an Ölsanden dicht an der Oberfläche. Diese werden im Tagebau gefördert. Das kanadische Abbaugebiet erstreckt
10 sich dabei auf eine gigantische Fläche von 149 000 Quadratkilometern. Das entspricht in etwa der Fläche Englands. Nachdem man die Waldgebiete gerodet und den Waldboden abgetragen hat, wird mit großen Mengen an Wasser und Energie dann das Öl vom Sand getrennt. Zurück bleiben stark belastete Abwässer und eine verwüstete Landschaft. Das Ende des Ölzeitalters beginnt bereits jetzt, seine dreckigsten Spuren zu hinterlassen.
15 Einen anderen Weg sucht man in den USA, wo das Zeitalter der Erdölförderung
20 eigentlich schon weitgehend been-det war. Die meis-ten erschließbaren konventionellen
25 Vorkommen sind ausgebeutet. Neue Vorkommen in Alaska oder der Tiefsee konnten
30 wegen der enor-men Risiken für die lokale Umwelt nur sehr einge-schränkt erschlos-
35 sen werden. Nicht unwesentliche Ursachen für das starke militärische Engagement der

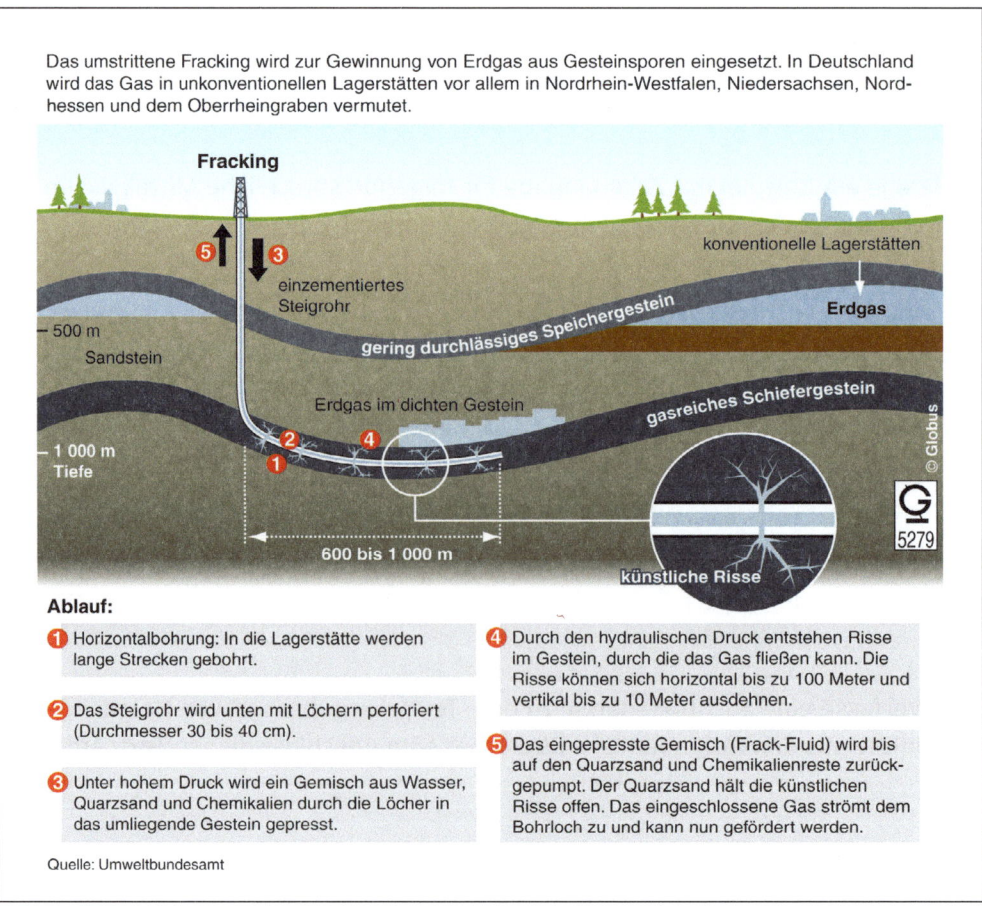

Das umstrittene Fracking wird zur Gewinnung von Erdgas aus Gesteinsporen eingesetzt. In Deutschland wird das Gas in unkonventionellen Lagerstätten vor allem in Nordrhein-Westfalen, Niedersachsen, Nordhessen und dem Oberrheingraben vermutet.

Fracking

konventionelle Lagerstätten

einzementiertes Steigrohr

— 500 m Sandstein

gering durchlässiges Speichergestein

Erdgas

Erdgas im dichten Gestein

gasreiches Schiefergestein

— 1 000 m Tiefe

600 bis 1 000 m

künstliche Risse

© Globus
5279

Ablauf:

❶ Horizontalbohrung: In die Lagerstätte werden lange Strecken gebohrt.

❷ Das Steigrohr wird unten mit Löchern perforiert (Durchmesser 30 bis 40 cm).

❸ Unter hohem Druck wird ein Gemisch aus Wasser, Quarzsand und Chemikalien durch die Löcher in das umliegende Gestein gepresst.

❹ Durch den hydraulischen Druck entstehen Risse im Gestein, durch die das Gas fließen kann. Die Risse können sich horizontal bis zu 100 Meter und vertikal bis zu 10 Meter ausdehnen.

❺ Das eingepresste Gemisch (Frack-Fluid) wird bis auf den Quarzsand und Chemikalienreste zurück-gepumpt. Der Quarzsand hält die künstlichen Risse offen. Das eingeschlossene Gas strömt dem Bohrloch zu und kann nun gefördert werden.

Quelle: Umweltbundesamt

40 USA im Nahen Osten in den letzten Jahren war die Sicherung des Zugangs zu den dortigen Energierohstoffen. Doch nun hat in den USA eine neue Technik den Abbau von Erdöl- und Erdgas revolutioniert: das sogenannte Fracking. Umweltschützer kritisieren beim Fracking zahlreiche unkalkulierbare Risiken. Das Sprengen der Risse im Untergrund kann kleine Erdbeben auslösen. Frackingchemikalien können bei unsachgemäßem Umgang in die Umwelt gelangen. Die Entsor-
45 gung der großen Mengen von wieder zurückgepumptem, belastetem Abwasser ist problematisch und über Risse und Spalten können Chemikalien oder Erdgas das Grundwasser und damit letztendlich das Trinkwasser kontaminieren. In den USA wurde bereits an verschiedenen Orten das Trinkwasser so verunreinigt, dass sich nicht brennbares Wasser durch das darin gelöste Methan entzünden ließ. Bleibt die Frage, ob eine recht kurze Verlängerung des Öl- und Gaszeitalters
50 derartige Umweltfolgen rechtfertigt.

3. Werte die Abbildung zur Verteilung der Erdölreserven der Erde aus. Erläutere die Aussage mit eigenen Worten.

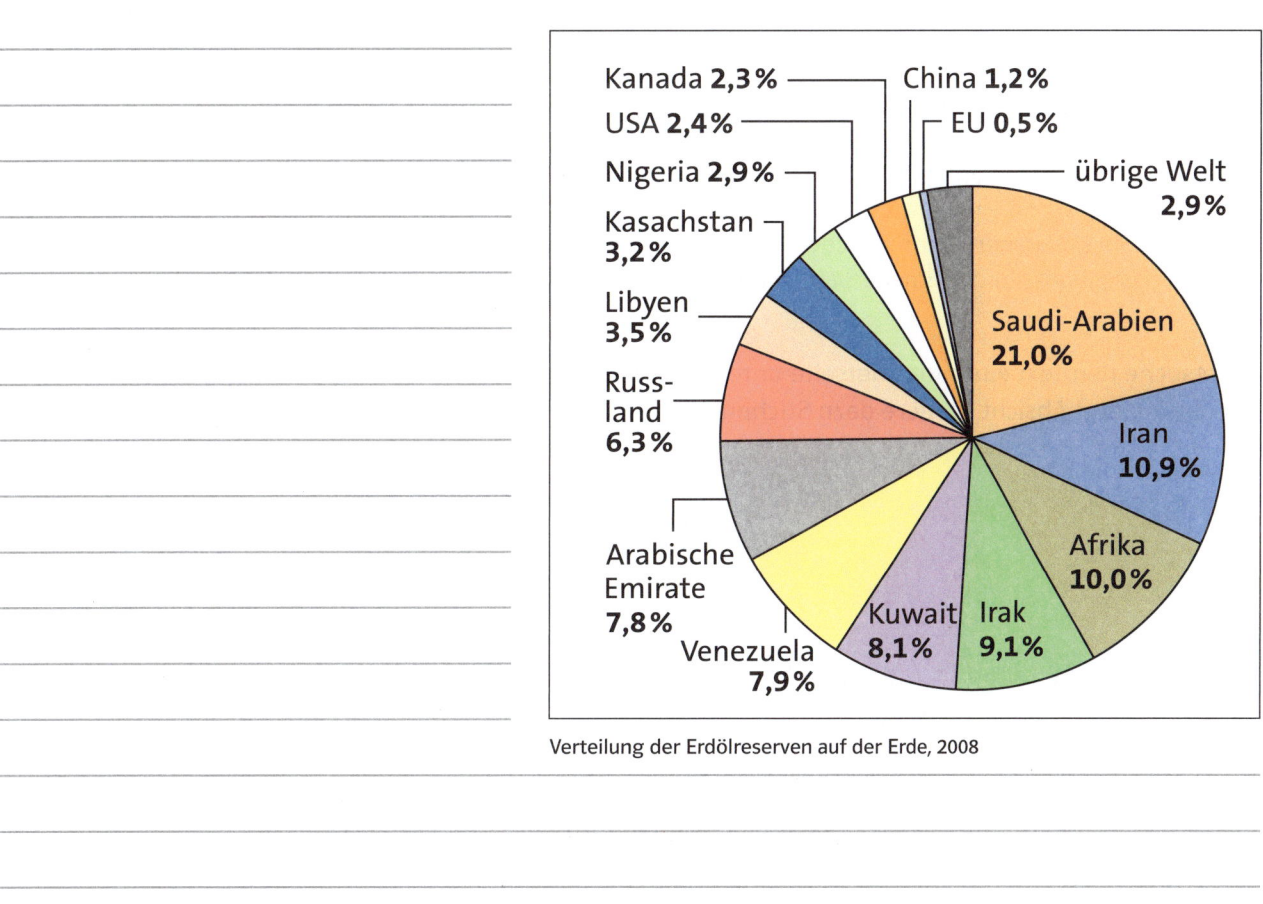

Verteilung der Erdölreserven auf der Erde, 2008

4. Verfasse auf der Grundlage des Textes und der Abbildungen einen informierenden Text zum Thema „Verlängerung des Ölzeitalters". Arbeite im Heft.

○ **EXTRA: Üben**

Energiewende:
Neue Berufe, neue Studiengänge im Bereich der erneuerbaren Energien

Immer mehr Menschen werden im Bereich der erneuerbaren Energien gebraucht. So gibt es zunehmend Studiengänge, die sich genau auf diese Bereiche spezialisieren.

Wieso sollten Sie eine Karriere in diesem Bereich einschlagen?
Es gibt mehrere gute Gründe, wieso Sie eine Karriere im Bereich der erneuerbaren Energien in Betracht
5 ziehen sollten. So ist die Nachfrage nach Fachkräften in diesem Bereich sehr hoch und wird in Zukunft weiter steigen. Sie können also damit rechnen, dass Sie mit einer fundierten Ausbildung in diesem Bereich auch einen guten Job finden werden, der sowohl interessant ist, als auch gut bezahlt wird. Zudem werden Sie etwas für die Energiewende tun und gewährleisten, dass die Zukunft grüner wird.

Von der Energiewende als Arbeitnehmer profitieren
10 Sie sind auf der Suche nach einem geeigneten Beruf? Dann könnte eine Ausbildung im Bereich der erneuerbaren Energien genau das Richtige sein. Haben Sie zudem noch Interesse, etwas für die Umwelt zu tun, und wollen eine gewisse Jobsicherheit? Dann könnte dies der richtige Weg sein. Bei Interesse sollten Sie sich näher über mögliche Studienfächer und Aus- und Weiterbildungen informieren. Mehr zum Jobmarkt der Erneuerbaren Energien lesen Sie hier.

---

1. Untersuche den Text einer Internetseite unter folgenden Gesichtspunkten: Textsorte, gedankliche Gliederung und Absicht. Notiere dazu Stichpunkte.

_____

_____

_____

2. Gib den ersten Abschnitt (Z. 3–8) in indirekter Rede wieder. Orientiere dich an dem Beispiel.

Es gebe mehrere gute Gründe, wieso _____

_____

_____

_____

_____

3. Erläutere an zwei Textbeispielen, wie durch sprachliche Mittel die Absicht des Textes unterstützt wird.

_____

_____

_____

4. Beschreibe das Diagramm. Verwende dazu die in den Kästen vorgegebenen Aussagen in zusammenhängenden Sätzen. Arbeite im Heft.

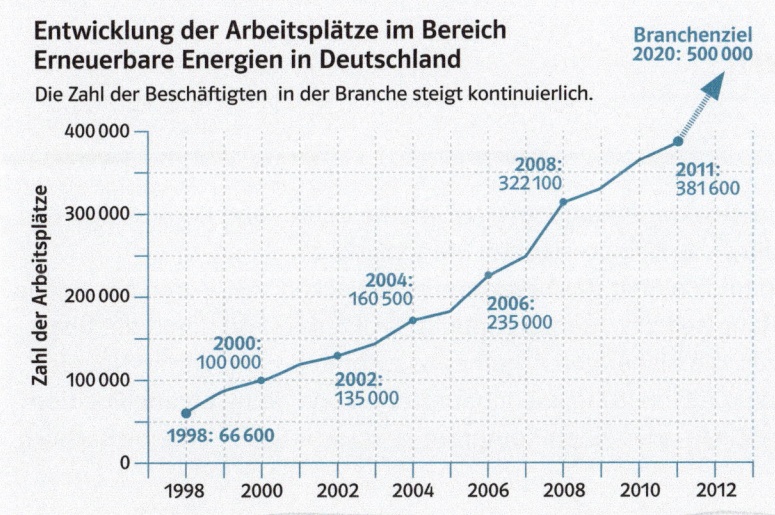

Thema, Textsorte, Aufbau:
Entwicklung der Arbeitsplätze im Bereich Erneuerbare Energien in Deutschland, Liniendiagramm, *y*-Achse = Zahl der Arbeitsplätze, *x*-Achse = Jahresangabe

Offene Fragen:
Ursachen für auffällige Anstiege, Situation in einzelnen Berufszweigen der Erneuerbaren Energien

Quellen: BMU/AGEE-Stat, DLR/DIW/ZSW/GWS/Prognos, UBA, BEE; Stand: 3/2012

Einzelaussagen, Werte:
kontinuierlicher Anstieg der Beschäftigungszahlen von 1998–2011, sechsfacher Zuwachs an Arbeitsplätzen, besonders hervorzuhebende Daten: sprunghafte Anstiege 2005–2006 und 2007–2008, Prognose: weiterer Anstieg in nächsten neun Jahren

Entwicklung der Bruttobeschäftigung durch den Ausbau Erneuerbarer Energien
(Auswahl nach Ulrike Lehr: Beschäftigungseffekt der Energiewende in Deutschland, 2014)

	Arbeitsplätze			
	2004	**2007**	**2012**	**2013**
Windenergie	63.900	85.700	121.800	137.800
Biomasse	56.800	119.500	127.500	126.400
Solarenergie	25.100	49.200	113.900	69.100

5. Betrachte die in der Tabelle wiedergegebene Entwicklung der Arbeitsplatzsituation in den einzelnen Branchen. Konzentriere dich auf folgende Aspekte: Art der Entwicklung, sprunghafter Zuwachs, Rückgang, offene Fragen. Halte jedes Ergebnis in einem Satz fest. Orientiere dich an dem Beispiel.

Im Zeitraum von 2004 bis 2012 ist in den drei Branchen Windenergie, Biomasse und Solarenergie

zu verzeichnen, dass

Ein Thema erörtern

Ein Thema antithetisch erörtern

Schülerbuch S. 45 ■ Erörtern

In einer **antithetischen Erörterung** setzt du dich mit einem strittigen Thema in Pro- und Kontra-Argumenten auseinander. Aus dieser Darstellung leitest du deinen eigenen Standpunkt ab.
In der **Einleitung** führst du zum **Thema** hin und solltest das **Leserinteresse** wecken, z. B. durch ein eigenes Erlebnis oder ein aktuelles Ereignis. Den **Hauptteil** bzw. den **Drehpunkt** strukturierst du durch die **Überleitung** von der Gegenthese zur These. Fasse die bisherigen Argumente zusammen und wecke Neugier auf deine Position. Im **Schlussteil** kannst du die Einleitung wieder aufgreifen und deine **eigene Position** verdeutlichen, eine **neue Perspektive** entwickeln oder einen **Kompromiss** vorschlagen. Schreibe **sachlich** und im **Präsens**.

Sollten wir auf Fleisch verzichten?

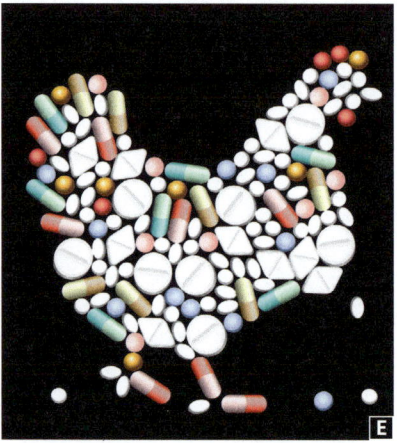

1. Formuliere zu jeder der Abbildungen (S. 14) eine passende Überschrift.

A _____   **B** _____

C _____   **D** _____

E _____   **F** _____

2. Fülle die Tabelle aus, indem du für jede These zwei Argumente auflistest und diese durch Beispiele stützt. Nutze die Abbildungen auf Seite 14. Orientiere dich an dem Beispiel.

These	„Wir sollten auf Fleisch verzichten."	„Wir sollten nicht auf Fleisch verzichten."
Argumente	1 Das Essen von Fleisch kann sich negativ auf unsere Gesundheit auswirken.	
Beispiele	1 Tiere in Zuchtbetrieben werden so oft mit Medikamenten behandelt, dass sich die Keime und Bakterien an diese gewöhnt haben. Wenn man Fleisch isst, kann es sein, dass man sich mit solchen Keimen und Bakterien ansteckt.	

3. Schreibe deine eigene Position zu der Streitfrage „Sollten wir auf Fleisch verzichten?" auf und begründe deine Meinung kurz.

_____

_____

_____

_____

_____

_____

_____

4. Die folgenden Aussagen eignen sich, um Pro- und Kontra-Argumente zu stützen oder zu entkräften. Suche ausgehend von deiner eigenen Position zur Streitfrage „Sollten wir auf Fleisch verzichten?" die Aussagen heraus, die deine Argumentation stützen, und entfalte deine Pro-Argumente schriftlich. Arbeite im Heft.

Vegetarier haben häufiger Krebs, Asthma und psychische Erkrankungen als Fleischesser. Dies zeigt eine Studie der Forscherin Nathalie Burkert.

Bei 32 Prozent der angekündigten Inspektionen in Schlachtanlagen kamen „bewusste grausame Handlungen" wie lebendiges Aufhängen von Tieren vor.

Grillen macht Spaß und ist eine gesunde Zubereitungsart, die ohne weiteres Fett auskommt.

Laut der Deutschen Gesellschaft für Ernährung (DGE) können Vegetarier aus wissenschaftlicher Sicht alle Stoffe ersetzen, die das Fleisch angeblich unverzichtbar machen.

Bisher konnte noch nicht nachgewiesen werden, dass Biofleisch besser geeignet ist, gesund zu bleiben, als konventionell erzeugtes.

Tatsächlich liegt das Problem nicht in der Tatsache, dass wir Tiere essen, sondern darin, dass die meisten dieser Tiere hergestellt werden, als wären sie Ikea-Regale: massenhaft, lieblos und billig.

„Die eigentlich wichtigere Frage für mich ist […], ob Vegetarier gesünder sind", sagt Markus Keller, Ernährungswissenschaftler an der Uni Gießen. „Das kann man eindeutig mit Ja beantworten, denn pflanzliche Lebensmittel liefern gesundheitlich vorteilhafte Substanzen."

„Dieses System der Massentierhaltung produziert resistente Keime gegen Antibiotika, die wir als Menschen über das Wurstbrot zu uns nehmen. Das ist eine tickende Zeitbombe", sagt Grünen-Politikerin Bärbel Höhn.

Auch auf Biobauernhöfen herrscht nicht unbedingt die heile Bilderbuch-Bauernhofwelt. Die Betriebe sind – wie auch konventionelle Höfe – in der Regel straff organisierte, wirtschaftliche Unternehmen, die ihre Kosten decken und Gewinn einfahren müssen. Das Melken etwa übernehmen in der Regel Maschinen und nicht die Bauersfrauen.

5. Überarbeite den folgenden Schlussteil einer Erörterung sprachlich. Arbeite im Heft.

Ich finde Fleisch viel zu lecker, um darauf zu verzichten – und im Endeffekt sehen das ja wohl die meisten Menschen in Deutschland genauso wie ich (siehe Hauptteil). Ich gehe deswegen davon aus, dass sich am vielen in Deutschland gegessenen Fleisch nichts ändern wird – und das ist auch richtig gut so.

6. Schreibe eine Erörterung nach dem Sanduhrprinzip zur Streitfrage „Sollten wir auf Fleisch verzichten?". Arbeite im Heft.

◔ Materialgestütztes Schreiben eines argumentierenden Textes

Du kannst mit einem eigenen Text **adressatenorientiert Stellung beziehen**. Dazu wertest du zunächst deine **Materialien** aus, indem du wichtige **Informationen** und **Argumente** zusammenstellst und ordnest. Überlege, welche Informationen beim Adressaten als bekannt vorausgesetzt werden können und wie die Adressaten angesprochen werden sollten. Erstelle eine Gliederung, die die zentralen Argumentationsschritte enthält. Im Hauptteil gibst du die zentralen Informationen wieder und nimmst eine eindeutige **Wertung** vor. Achte auf einen roten Faden und **adressatengerechte** Formulierungen.

Elisabeth Raether und Tanja Stelzer: Süße Geschäfte (2013, Auszug)

Kinder sind nicht mehr nur Kinder, sie sind auch: Konsumenten. Die Industrie forscht sie aus und schreibt ihre Gehirne mit Informationen voll, als seien sie leere Festplatten. Es sind Informationen, die sie nicht brauchen. Schon zweijährige Kinder können inzwischen *McDonald's* und *Burger King* auseinanderhalten. Im Alter von zehn Jahren kennt ein Kind heute 300 bis 400 Markennamen.

5   Früher war ein Kind mit Werbung konfrontiert, wenn es vor dem Fernseher saß oder an einem Plakat vorbeikam. Heute sind Kinder von Marken umzingelt, überall dort, wo sie sich bewegen. […] Nirgendwo wird die Aggressivität des Marketings so deutlich wie bei der Vermarktung von Lebensmitteln. Die deutsche Nahrungsmittelindustrie gibt pro Jahr knapp drei Milliarden Euro für Marketing aus. Ein Viertel des Geldes fließt in Werbung für Süßwaren und Schokolade. […]

10 Bei seinem Vortrag in Berlin erklärt Dirk Ziems* das Einmaleins des Kindermarketings. Ein Erwachsener im Supermarkt, sagt Ziems, hat einen Tunnelblick. Er sieht Milch, Käse, Wurst. Eben das, was in seinem Kühlschrank fehlt. Wer dem Erwachsenen ein Produkt verkaufen will, das der gar nicht braucht, muss rein in den Tunnel. Deshalb muss der Supermarktkunde mit seinem Wagen oft Aufsteller umkurven, die ihm im Weg stehen.

15 Kinder schauen in keinen Tunnel, sie haben ihre Augen überall. Im Kindermarketing ist etwas anderes wichtig: Die Produkte müssen schnell erkennbar sein. Am sichtbarsten sind sie, sagt Ziems, wenn es den Firmen gelingt, sich in die Spiel-, Wunsch- und Themenwelten der Kinder einzuklinken. […] Das Handelsunternehmen *Rewe* bringt ein Sticker-Sammelalbum nach dem anderen heraus, und bei jedem Einkauf über zehn Euro bekommt man Tütchen mit Aufklebern gratis dazu. Der Kon-

20 sumgüterkonzern *Unilever* hat die TV-Serie *Max Adventures* produzieren lassen, die sich um eine Löwenfigur dreht. Am Ende jeder Folge isst der Löwe ein Eis. Die Serie wurde global vermarktet, erst als sie schon in mehreren Ländern lief, wurde der Löwe zum Produktbotschafter für die *Unilever*-Marke *Langnese*. Selbst ein Erwachsener hat Schwierigkeiten, diese Werbung als solche zu erkennen. Es ist eine neue

25 Eskalationsstufe des Merchandisings**: Gerade hatten wir uns daran gewöhnt, dass jede Filmfigur auf Butterbrotdosen und Joghurtbechern wiederzufinden ist – jetzt gibt es die Filme nur noch, damit wir hinterher Butterbrotdosen und Joghurt kaufen. In einer Zeit der gesättigten Märkte und ausgereiften Produkte müssen die Unternehmen nach neuem Mehrwert suchen. Also versprechen sie ihren Kunden jetzt nicht nur den Geschmack

30 knuspriger Chips, sondern auch Austausch, Freundschaft und Geborgenheit: die Marke, dein Freund und Spielkamerad. So vergiftet das Kindermarketing das Spiel der Kinder, dessen Zweck es ja gerade ist, etwas zu tun, was keinen Zweck hat. Ein Spiel, das darauf abzielt, dass sich das Kind am Ende eine Chipstüte kauft, ist keines.

---

* Dirk Ziems ist im Jahr 2013 Managing Partner der Marktforschungsagentur concept m. Zu ihren Auftraggebern gehören große Lebensmittelhersteller.

** Merchandising bezeichnet Maßnahmen zur Verkaufsförderung.

1. Lies den Text (S. 17) und kreuze anschließend die jeweils zutreffende Fortsetzung an.

a) Kinder sind für die Nahrungsmittelindustrie heute nicht mehr nur Kinder, weil …

☐ sie immer mehr Markennamen kennen.

☐ sie besonders wichtige Kunden sind.

☐ sie Geschichten und Helden mögen.

b) Erfolgreiches Kindermarketing bedeutet, dass …

☐ Firmen gute Produkte an Kinder verkaufen.

☐ Firmen viele verschiedene Produkte für Kinder herstellen.

☐ Firmen mit Produkten die Aufmerksamkeit der Kinder erwecken.

c) Die neueste Form des Marketings …

☐ ist für Kinder leicht durchschaubar.

☐ kehrt die bisherige Funktionsweise von Marketing um.

☐ funktioniert nur mit Filmen und Sammelalben.

2. Fasse den Inhalt des letzten Textabschnitts (S. 17, Z. 24–33) mit eigenen Worten zusammen. Arbeite im Heft.

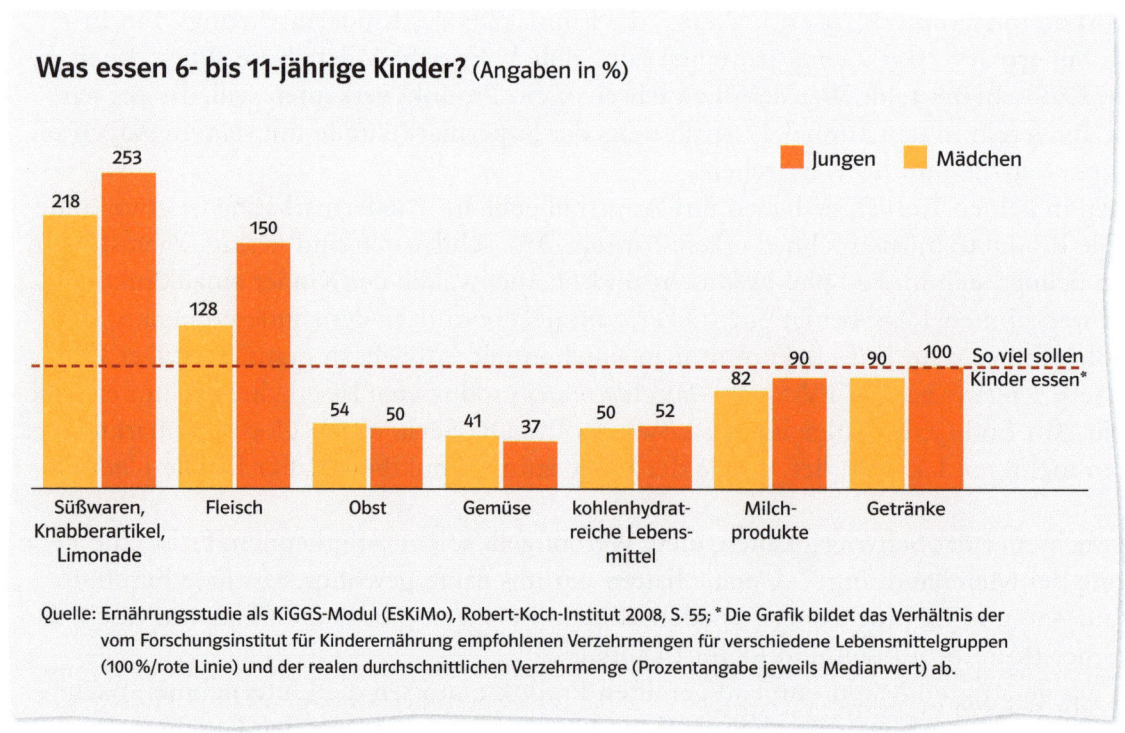

Was essen 6- bis 11-jährige Kinder? (Angaben in %)

Jungen ■ Mädchen ■

Süßwaren, Knabberartikel, Limonade: 218 / 253
Fleisch: 128 / 150
Obst: 54 / 50
Gemüse: 41 / 37
kohlenhydratreiche Lebensmittel: 50 / 52
Milchprodukte: 82 / 90
Getränke: 90 / 100

So viel sollen Kinder essen*

Quelle: Ernährungsstudie als KiGGS-Modul (EsKiMo), Robert-Koch-Institut 2008, S. 55; * Die Grafik bildet das Verhältnis der vom Forschungsinstitut für Kinderernährung empfohlenen Verzehrmengen für verschiedene Lebensmittelgruppen (100 %/rote Linie) und der realen durchschnittlichen Verzehrmenge (Prozentangabe jeweils Medianwert) ab.

3. Werte das Diagramm aus. Gehe dabei auf die Überschrift, die Quelle, die Diagrammart, das Thema und wichtige Einzelaussagen ein. Ziehe eine Schlussfolgerung. Arbeite im Heft.

4. Formuliere einen Aufruf an die Nahrungsmittelindustrie. Beziehe dabei Stellung zu der Frage, ob Kindermarketing verboten werden sollte. Nutze den Text (S. 17) und das Diagramm. Arbeite im Heft.

**Training
interaktiv**
Erörtern
5bt96y

● Das kannst du jetzt! ☆

Jost Maurin: Nicht gesünder, aber besser (2014)

Nein, auch die neueste Studie zu Ökolebensmitteln belegt nicht, dass Bio gesünder ist. Die Unterschiede, die Forscher der Universität Newcastle zwischen Bio- und konventionellen
5 Nahrungsmitteln festgestellt haben, betreffen nur sehr wenige Inhaltsstoffe. Trotzdem lohnt es sich, Bio zu kaufen.

Denn wer mit seinem Einkauf die konventionelle Nahrungsmittelbranche finanziert, ist
10 mitverantwortlich für gravierende Umweltprobleme. Die herkömmliche Lebensmittelproduktion ist mehreren Untersuchungen zufolge der Hauptgrund dafür, dass viele Flüsse nicht mehr als Trinkwasserquelle taugen. Die Che-
15 mielandwirtschaft ist auch Hauptverursacher des Pflanzen- und Tierartensterbens in Europa. Das liegt vor allem an den Pestiziden und dem hohen Nährstoffeinsatz. Im Biolandbau sind chemisch-synthetische Pflanzenschutzmittel
20 und Dünger verboten. Das spart auch erhebliche Mengen Treibhausgase, denn die Produktion dieser „Betriebsmittel" verschlingt viel Energie.

Auch die Haltungsbedingungen von Tieren
25 sind im Schnitt in der Biolandwirtschaft besser. Ökobauern müssen mehr Platz und Auslauf gewähren. In der konventionellen Haltung ist es Standard, Schweinen die Ringelschwänzchen mit einer Klinge zu kürzen – ohne
30 Betäubung. Dieses Kupieren soll verhindern, dass sich die Tiere in der reizarmen Umgebung im Stall gegenseitig in den Schwanz beißen. Bei Biohaltung ist das eine Ausnahme, die bei den Behörden beantragt und selten genehmigt
35 wird.

Das sind gute Argumente für Bio. Umso bedauerlicher ist es, dass manche Ökoverbände mit dem schlecht belegten Gesundheitsargument arbeiten. Das sollten sie vermeiden. Denn
40 wer immer wieder haltlose Behauptungen aufstellt, verliert irgendwann seine Glaubwürdigkeit.

Die EG-Öko-Basisverordnung 889/2008 regelt, dass einem 100 kg schweren Bioschwein etwa doppelt so viel Platz zusteht wie einem konventionell gehaltenen Schwein – also 1,3 qm statt 0,65 qm.

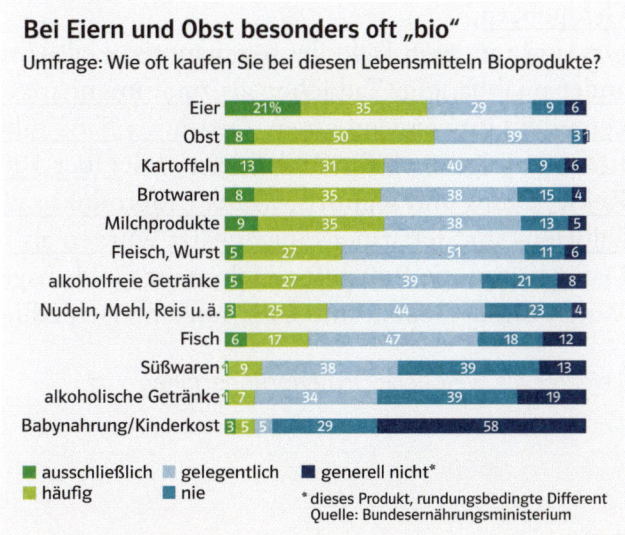

Bei Eiern und Obst besonders oft „bio"
Umfrage: Wie oft kaufen Sie bei diesen Lebensmitteln Bioprodukte?

	ausschließlich	häufig	gelegentlich	nie	generell nicht*
Eier	21%	35	29	9	6
Obst	8	50	39	3	1
Kartoffeln	13	31	40	9	6
Brotwaren	8	35	38	15	4
Milchprodukte	9	35	38	13	5
Fleisch, Wurst	5	27	51	11	6
alkoholfreie Getränke	5	27	39	21	8
Nudeln, Mehl, Reis u.ä.	3	25	44	23	4
Fisch	6	17	47	18	12
Süßwaren	1	9	38	39	13
alkoholische Getränke	1	7	34	39	19
Babynahrung/Kinderkost	3 5	5	29	58	

■ ausschließlich   ■ gelegentlich   ■ generell nicht*
■ häufig   ■ nie
* dieses Produkt, rundungsbedingte Different
Quelle: Bundesernährungsministerium

„Bio ist zu einer Massenproduktion geworden, der ökologische Landbau ist industrialisiert worden. Die ursprünglichen Biopioniere wollten eine schonende, regionale und saisonale Landwirtschaft. Heute werden ihre Träume oft verkauft. Die Liste der Probleme ist lang: unfaire Arbeitsbedingungen, nicht artgerechte Tierhaltung, EU-Subventionen, die vor allem die Rendite von Investoren und manchmal sogar von Betrügern fördern, Etikettenschwindel …"

(Christian Jentzsch, Regisseur der Reportage *Die Bio-Illusion*)

„Die Gesundheit ist nicht unser Hauptkampffeld. Kernziel der Ökolandwirtschaft ist es vielmehr, die Umwelt zu erhalten. Gewässerschutz, Klimaschutz, Artenschutz, Bodenqualität – da erbringen wir eine große ökologische Leistung."

(Gerald Wehde, Sprecher des Anbauverbands *Bioland*)

---

1. 📖 Verfasse auf Grundlage der Materialien auf dieser Seite einen argumentierenden Text zu der Frage „Lohnt es sich, Bio zu kaufen?". Arbeite im Heft.

○ **EXTRA: Üben**

1. Forme die unterstrichenen Satzgefüge so um, dass jeweils ein anderes Satzglied ins Vorfeld wandert. Beschreibe die sich verändernde Wirkung. Orientiere dich an dem Beispiel.

Bio gleich gesund?

Attraktive Menschen werden oft nur wegen ihres Äußeren auch als intelligent angesehen. <u>Auch haben es männliche Firmengründer leichter als weibliche, denn sie erhalten eher finanzielle Hilfe von Geldgebern.</u>
Das sind nur zwei Fälle des sogenannten Halo-Effekts. <u>Damit meint man, dass Menschen voneinander unabhängige Tatsachen als zusammenhängend interpretieren, obwohl es wissenschaftlich</u> ⁵ <u>keinerlei Hinweise auf einen Zusammenhang gibt.</u> Dies gilt einer Studie der Cornell University Ithaca zufolge auch für Biolebensmittel: <u>Über 100 Kunden testeten und bewerteten verschiedene Kekse, Chips und Joghurts, wobei Bioprodukte von den Teilnehmern als ballaststoffreicher und als kalorien- und fettärmer eingeschätzt wurden als vermeintlich konventionell hergestellte Waren.</u>
¹⁰ Dafür hätten die Einkäufer auch mehr Geld ausgegeben. In Wirklichkeit handelte es sich bei allen Waren um Biolebensmittel, die nur unterschiedlich verpackt wurden.

Leichter als weibliche Firmengründerinnen _____

_____

_____

_____

_____

_____

_____

_____

_____

_____

2. Übertrage die folgenden Aussagen in indirekte Rede.

Matthias Wolfschmidt von der Verbraucherorganisation foodwatch:

„Es muss mehr Transparenz herrschen, damit sich die Kunden über die von ihnen gekauften

Lebensmittel auch informieren können."

_____

_____

_____

„Supermarktketten sind nicht am Verkauf der besten Lebensmittel interessiert."

_____

_____

3. Verknüpfe in der folgenden Argumentation die Pro- und Kontra-Argumente mithilfe der vorgegebenen Überleitungen. Trage dafür in die Lücken die jeweilige Zahl ein.

4 Dem steht allerdings entgegen, dass …   3 Man sollte aber nicht außer Acht lassen, dass …

1 Man sollte aber nicht vergessen, dass …   5 Einerseits ist es nicht zu übersehen, dass …

2 Andererseits muss man erkennen, dass …

Sollte Gentechnik in der Nahrungsmittelproduktion zugelassen werden?

Wir brauchen Gentechnik, um den Hunger einer wachsenden Weltbevölkerung zu stillen: Mit herkömmlichen Züchtungsmethoden wird der steigende Bedarf nicht zu decken sein. ___ mehr als ein Drittel aller Nahrungsmittel im Moment weggeworfen wird – wären sie gerecht verteilt, müsste niemand hungern. ___ man wegen des Klimawandels anpassungsfähige Pflanzen braucht, die auch
5 unter ungünstigen Bedingungen gute Ernten garantieren. Das geht nur mit Gentechnik. ___ alle derzeit verwendeten Pflanzen, die eine erhöhte Widerstandsfähigkeit gegenüber Dürre und Überschwemmungen haben, traditionell gezüchtet wurden und nicht gentechnisch verändert sind. ___ durch den Einsatz von Gentechnik Bauern ihre Pflanzen nicht mehr mit so vielen Pestiziden behandeln müssen, da sie z.B. selbst ein Gift gegen Schädlinge produzieren. ___ das Problem nicht
10 nur Schädlinge sind, sondern vor allem auch Unkräuter, gegen die die meisten Pestizide eingesetzt werden. Das Problem lässt sich also durch Gentechnik allein nicht lösen.

4. Entfalte anhand der Stichpunkte ein Pro- und ein Kontra-Argument zu der Frage, ob Gentechnik in der Nahrungsmittelindustrie zugelassen werden sollte. Achte auf eine passende Überleitung.

Pro: **Kontra:**

vor Anbau Zulassungsverfahren   keine Langzeitstudien

Europäische Lebensmittelsicherheitsbehörde
(EFSA)   Folgen

Sicherheit   Unklarheit

_____

_____

_____

_____

_____

_____

_____

_____

_____

Zu literarischen Texten schreiben

⬤ Mit einem Text produktiv umgehen – Gedanken und Gefühle einer Figur wiedergeben

Schülerbuch S. 92, 283 ■ Produktiver Umgang

Durch einen Tagebucheintrag, einen Brief oder einen Dialog kannst du die Gedanken und Gefühle einer **Figur** anschaulich darstellen.
Zunächst musst du die **zugrunde liegende Textstelle untersuchen**.
Berücksichtige den **Zeitpunkt des Tagebucheintrags/des Briefes/des Dialogs** und **schließe ihn sinnvoll an das Handlungsgeschehen an**, beachte also z. B. Vorausdeutungen.
Versetze dich in die Figur hinein, schildere ihre Gedanken und Gefühle anschaulich, indem du in der **Ichform** schreibst und z. B. *Ausrufe, rhetorische Fragen, Ellipsen* verwendest.

Achtung: alte Rechtschreibung

Max Frisch:
Biedermann und die Brandstifter (1957)

Szene 1
Gottlieb Biedermann sitzt in seiner Stube und liest die Zeitung, eine Zigarre rauchend, und Anna, das Dienstmädchen mit weißem Schürzchen, bringt eine
5 *Flasche Wein.*

Anna: Herr Biedermann? – *Keine Antwort.*
Herr Biedermann – *Er legt die Zeitung zusammen.*
Biedermann: Aufhängen sollte man sie. Hab ich's nicht immer gesagt? Schon wieder eine Brand-
10 stiftung. Und wieder dieselbe Geschichte, sage und schreibe: wieder so ein Hausierer, der sich im Dachboden einnistet, ein harmloser Hausierer … *Er nimmt die Flasche.* Aufhängen sollte man sie! *Er nimmt den Korkenzieher.*
15 **Anna:** Herr Biedermann –
Biedermann: Was denn?
Anna: Er ist noch immer da.
Biedermann: Wer?
Anna: Der Hausierer, der Sie sprechen möchte.
20 **Biedermann:** Ich bin nicht zu Hause!
Anna: Das hab ich ihm gesagt, Herr Biedermann, schon vor einer Stunde. Er sagt, er kenne Sie. Herr Biedermann, ich kann diesen Menschen nicht vor die Tür werfen. Ich kann's nicht!
25 **Biedermann:** Wieso nicht?
Anna: Nämlich er ist sehr kräftig … *Biedermann zieht den Korken.*

> Das Stück „Biedermann und die Brandstifter" von Max Frisch ist die Geschichte des wohlhabenden Haarwasserfabrikanten Gottlieb Biedermann, der drei Brandstifter in sein Haus einlädt, um von ihnen verschont zu werden. Das „Lehrstück ohne Lehre", wie Frisch selbst sein Stück nennt, wurde am 29. März 1958 am Schauspielhaus Zürich uraufgeführt.

Biedermann: Er soll morgen ins Geschäft kommen.
Anna: Ich hab's ihm gesagt, Herr Biedermann, schon dreimal, aber das interessiert ihn nicht. 30
Biedermann: Wieso nicht?
Anna: Er will kein Haarwasser.
Biedermann: Sondern?
Anna: Menschlichkeit … *Biedermann riecht am Korken.*
Biedermann: Sagen Sie ihm, ich werde ihn eigen- 35 händig vor die Tür werfen, wenn er nicht sofort verschwindet. *Er füllt sorgsam sein Burgunderglas.* Menschlichkeit! … *Er kostet den Wein.*
Er soll im Flur draußen warten. Ich komme sofort. Wenn er irgendetwas verkauft, ein Traktat oder 40 Rasierklingen, ich bin kein Unmensch, aber – ich bin kein Unmensch, Anna, das wissen Sie ganz genau! – aber es kommt mir keiner ins Haus. Das habe ich Ihnen schon hundertmal gesagt! Und wenn wir drei freie Betten haben, es kommt nicht 45 in Frage, sag ich, nicht in Frage. Man weiß, wohin das führen kann – heutzutage …
Anna will gehen und sieht, daß der Fremde eben eingetreten ist: ein Athlet, sein Kostüm erinnert halb an Strafanstalt und

50 *halb an Zirkus. Tätowierung am Arm, Lederbinde um die*
Handgelenke. Anna schleicht hinaus. Der Fremde wartet,
bis Biedermann seinen Wein gekostet hat und sich umdreht.
Schmitz: Guten Abend. *Biedermann verliert die Zigarre*
vor Verblüffung. Ihre Zigarre, Herr Biedermann –
55 *Er hebt die Zigarre auf und gibt sie Biedermann.*
Biedermann: Sagen Sie mal –
Schmitz: Guten Abend!
Biedermann: Was soll das heißen? Ich habe dem
Mädchen ausdrücklich gesagt, Sie sollen im Flur
60 draußen warten. Wieso – Ich muß schon sagen …
ohne zu klopfen …
Schmitz: Meine Name ist Schmitz.
Biedermann: Ohne zu klopfen.
Schmitz: Schmitz Josef. *Schweigen* Guten Abend!
65 **Biedermann:** Und was wünschen Sie?
Schmitz: Herr Biedermann brauchen keine Angst
haben: Ich bin kein Hausierer!
Biedermann: Sondern?
Schmitz: Ringer von Beruf.
70 **Biedermann:** Ringer?
Schmitz: Schwergewicht.
Biedermann: Ich sehe.
Schmitz: Das heißt: gewesen.
Biedermann: Und jetzt?
75 **Schmitz:** Arbeitslos. *Pause* Herr Biedermann brau-
chen keine Angst haben, ich suche keine Arbeit.
Im Gegenteil. Die Ringerei ist mir verleidet …
Bin nur gekommen, weils draußen so regnet.
Pause Hier ist's wärmer. *Pause* Hoffentlich stör'
80 ich nicht. – *Pause*
Biedermann: Rauchen Sie? *Er bietet Zigarren an.*
Schmitz: Das ist schrecklich, Herr Biedermann,
wenn einer so gewachsen ist wie ich. Alle Leute
haben Angst vor mir … Danke! *Biedermann gibt*
85 *ihm Feuer.* Danke. *Sie stehen und rauchen.*
Biedermann: Kurz und gut, was wünschen Sie?
Schmitz: Mein Name ist Schmitz.
Biedermann: Das sagten Sie schon, ja, sehr erfreut –
Schmitz: Ich bin obdachlos. *Er hält die Zigarre unter*
90 *die Nase und kostet den Duft.* Ich bin obdachlos.
Biedermann: Wollen Sie – ein Stück Brot?
Schmitz: Wenn Sie nichts andres haben …
Biedermann: Oder ein Glas Wein?
Schmitz: Brot und Wein … Aber nur wenn ich
100 nicht störe, Herr Biedermann, nur wenn ich nicht
störe! *Biedermann geht zur Tür.*
Biedermann: Anna! *Biedermann kommt zurück.*
Schmitz: Das Mädchen hat mir gesagt, Herr Bieder-
mann will mich persönlich hinauswerfen, aber ich

habe gedacht, Herr Biedermann, daß das nicht Ihr 105
Ernst ist … *Anna ist eingetreten.*
Biedermann: Anna, bringen Sie ein zweites Glas.
Anna: Sehr wohl.
Biedermann: Und etwas Brot – ja.
Schmitz: Und wenn's dem Fräulein nichts ausmacht: 110
etwas Butter. Etwas Käse oder kaltes Fleisch oder
so. Nur keine Umstände. Ein paar Gurken, eine
Tomate oder so, etwas Senf – was Sie grad haben,
Fräulein.
Anna: Sehr wohl. 115
Schmitz: Nur keine Umstände!
Anna geht hinaus.
Biedermann: Sie kennen mich, haben Sie dem
Mädchen gesagt.
Schmitz: Freilich, Herr Biedermann, freilich. 120
Biedermann: Woher?
Schmitz: Nur von Ihrer besten Seite, Herr Bieder-
mann, nur von Ihrer besten Seite. Gestern Abend
am Stammtisch, Ich weiß, Herr Biedermann ha-
ben mich gar nicht bemerkt in der Ecke, die gan- 125
ze Wirtschaft hat sich gefreut, Herr Biedermann,
jedes Mal, wenn Sie mit der Faust auf den Tisch
geschlagen haben.
Biedermann: Was habe ich denn gesagt?
Schmitz: Das Einzigrichtige. *Er raucht seine Zigarre,* 130
dann: Aufhängen sollte man sie. Alle. Je rascher,
um so besser. Aufhängen. Diese Brandstifter nämlich … *Biedermann bietet einen Sessel an.*
Biedermann: Bitte. – *Schmitz setzt sich.*
Schmitz: Männer wie Sie, Herr Biedermann, das 135
ist's, was wir brauchen!
Biedermann: Jaja, gewiß, aber –
Schmitz: Kein Aber, Herr Biedermann, kein Aber!
Sie sind noch vom alten Schrot und Korn, Sie ha-
ben noch eine positive Einstellung. Das kommt 140
davon.
Biedermann: Gewiß –
Schmitz: Sie haben noch Zivilcourage.
Biedermann: Sicher –
Schmitz: Das kommt eben davon. 145
Biedermann: Wovon?
Schmitz: Sie haben noch ein Gewissen, das spürte
die ganze Wirtschaft, ein regelrechtes Gewissen.
Biedermann: Jaja, natürlich –
Schmitz: Herr Biedermann, das ist gar nicht na- 150
türlich. Heutzutage. Im Zirkus, wo ich gerungen
hab, zum Beispiel – und drum, sehn Sie, ist er
dann auch niedergebrannt, der ganze Zirkus! –
unser Direktor zum Beispiel, der hat gesagt: Sie

155 können mir, Sepp! – Ich heiße doch Josef … Sie können mir! hat er gesagt: Wozu soll Ich ein Gewissen haben? Wörtlich. Was ich brauche, um mit meinen Bestien fertigzuwerden, das ist 'ne Peitsche. Wörtlich! So einer war das. Gewissen! hat 160 er gelacht: Wenn einer ein Gewissen hat, so ist es meistens ein schlechtes … *Er raucht genußvoll.* Gott hab Ihn selig.

Biedermann: Das heißt, er ist tot?
Schmitz: Verbrannt mit seinem ganzen Plunder …
Eine Standuhr schlägt neun 165
Biedermann: Versteh' nicht, was das Mädchen so lange macht!
Schmitz: Ich hab Zeit. – […]

1. Lies den Anfang des Dramas und fasse knapp zusammen, worum es geht. Arbeite im Heft.

2. Stelle mithilfe einer Skizze dar, wie die auftretenden Figuren zueinander stehen. Arbeite im Heft.

3. Markiere mit zwei unterschiedlichen Farben Textstellen, aus denen du jeweils etwas über die Gefühle und Vorstellungen von Biedermann und von Schmitz erfährst.

4. Notiere ausgehend von den folgenden Zitaten, was Schmitz und Biedermann in dem jeweiligen Moment tatsächlich übereinander denken. Orientiere dich an dem Beispiel.

    Biedermann **sagt**, als ihm Schmitz seinen Namen nennt: „Das sagten Sie schon, ja, sehr erfreut –" (Z. 88)

    Biedermann **denkt:** *Dieser Schmitz stört mich, hoffentlich werde ich den bald wieder los.*

    Biedermann **sagt:** „Jaja, gewiß, aber – […] Gewiß – […] Sicher –" (Z. 137, 142, 144)

    Biedermann **denkt:** _____

    Schmitz **sagt:** „Nur von Ihrer besten Seite, Herr Biedermann, nur von Ihrer besten Seite." (Z. 122 f.)

    Schmitz **denkt:** _____

    Schmitz **sagt:** „Männer wie Sie, Herr Biedermann, das ist's, was wir brauchen!" (Z. 135 f.)

    Schmitz **denkt:** _____

5. Notiere Textbeispiele, die den folgenden Ausspruch von Nina belegen. Arbeite im Heft.

    > *Man erkennt in dieser 1. Szene, dass Biedermann total inkonsequent ist. Schmitz hingegen wirkt auf mich sehr geschickt, denn er spielt mit Biedermanns Angst und schlechtem Gewissen. Außerdem nutzt er dessen Eitelkeit aus.* Nina, 15 Jahre

6. Das Dienstmädchen Anna schreibt am Abend nach dem Geschehen in ihr Tagebuch. Sie setzt sich dabei mit ihren Beobachtungen und dem Verhalten der beiden Männer auseinander. Verfasse diesen Tagebucheintrag aus der Sicht Annas. Arbeite im Heft.

7. Josef Schmitz telefoniert nach diesem ersten Besuch bei Biedermann mit seinem Brandstifterkollegen Eisenring. Verfasse diesen Dialog. Nutze deine Vorarbeiten aus den Aufgaben 3–5. Arbeite im Heft.

Die Interpretation eines Gedichtes vorbereiten

Bei der **Vorbereitung** deiner Interpretation kannst du **erste Eindrücke** formulieren, das **Thema** und zentrale Vorgänge, Bilder oder Gedanken nennen und eine **Deutungshypothese** aufstellen. Mache dir auch Notizen zu Besonderheiten und Funktionen von **Form** und **Sprache**.
Mögliche Untersuchungsaspekte können dabei sein: **Sprecher** und **Sprechsituation**, die **Grundstimmung** des Gedichts, **Vers- und Strophenbau, Reim, Metrum** und **Satzbau**. Darüber hinaus kannst du **sprachliche Bilder** (z. B. Metaphern, Vergleiche, Personifikationen), Klangfiguren (z. B. Alliteration, Anapher) sowie Besonderheiten im **Wortschatz** (z. B. Umgangssprache, Anglizismen) untersuchen.
Gliedere und **erweitere** deine Untersuchungs- und Deutungsergebnisse, z. B. als Tabelle oder Mindmap. Überprüfe deine Deutungshypothese und überarbeite sie ggf. Du kannst auch zusätzliche Informationen (z. B. historische und biografische Informationen) einbeziehen.
Halte deine **Gedanken** zu **Einleitung** und **Schlussteil** stichpunktartig fest.

1. Verfasse Verse, die zu einem Liebesgedicht mit dem Titel „Bildlich gesprochen" passen.

Ulla Hahn: Bildlich gesprochen (1981)

Prädikate im Konjunktiv II → …

Anaphern „wär" und „wärst" → betonen Unmöglichkeit des Vorgestellten

Parallelismen
– im Satzbau: … → …
– im Vers- und Strophenaufbau: immer dieselbe Strophenkomposition; Enjambements in den ersten und dritten Versen einer Strophe
→ zunächst wirkt alles gleich, ist es aber nicht, Wirkung und Stimmung verändern sich …

Wär ich ein Baum | ich wüchse
dir in die hohle Hand
und wärst du das Meer | ich baute
dir weiße Burgen aus Sand.

Wärst du eine Blume | ich grübe
dich mit allen Wurzeln aus
wär ich ein Feuer | ich legte
in sanfte Asche dein Haus.

Wär ich eine Nixe | ich saugte
dich auf den Grund hinab
und wärst du ein Stern | ich knallte
dich vom Himmel ab.

freies Metrum

sprachliche Bilder, mit denen gespielt wird:
V. 1/2 → …

persönliche Anrede des Geliebten (Personalpronomen) → …

Wechsel von ich-du-du-ich-ich-du → …

Nixe → *Hinweis auf lyrische Sprecherin*

Höhepunkt: …

---

2. Untersuche die Bilder, die in diesem Gedicht verwendet werden. Erläutere, was sie über die Liebesauffassung der lyrischen Sprecherin aussagen.

3. Beurteile die folgende Deutungshypothese.

Es ist eine zwiespältige Liebesvorstellung, die in dem Gedicht „Bildlich gesprochen" von Ulla Hahn zum Ausdruck kommt. In die anfänglich harmonische und fürsorgliche Vorstellung von Partnerschaft mischen sich bald besitzergreifende und aggressive Untertöne.

4. Vollziehe die Notizen am Gedicht auf S. 25 nach. Ergänze diese Notizen auf einer Kopie durch eigene Beobachtungen.

5. Ordne deine Notizen nach den Aspekten <u>Inhalt</u>, <u>Besonderheiten der Sprache und Form</u>, <u>Deutung (Gehalt, Aussage)</u>. Übernimm und ergänze dazu die Übersicht.

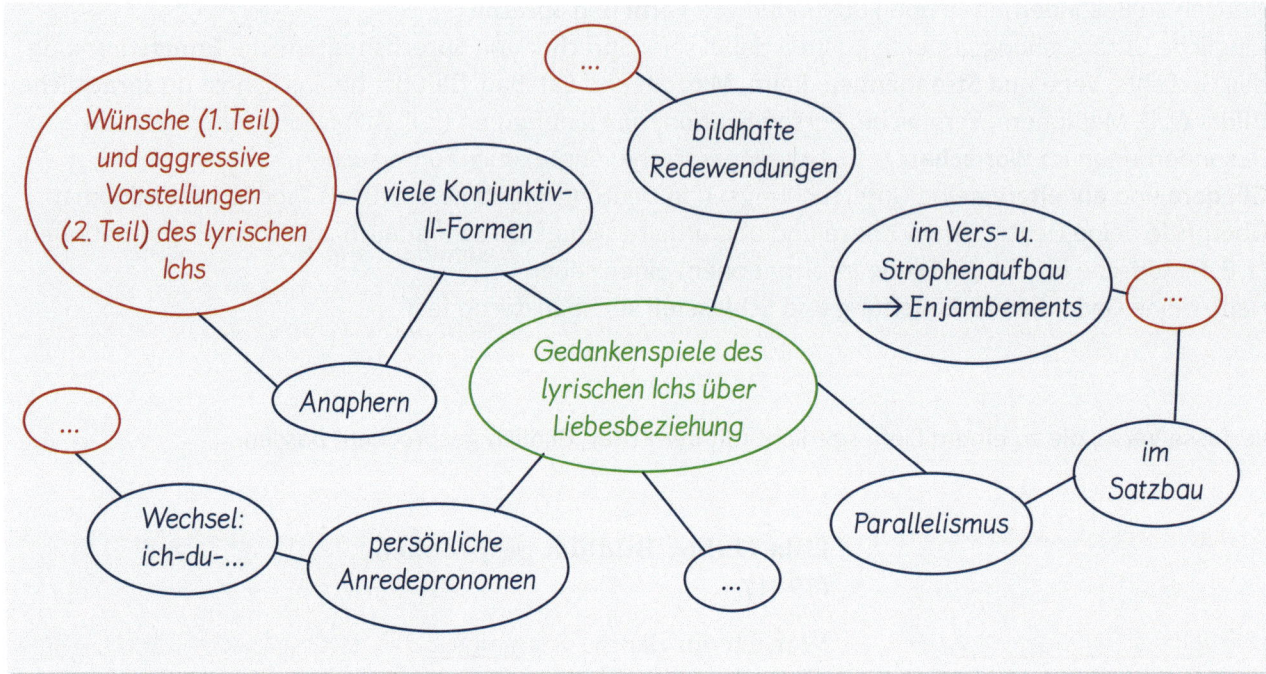

6. Bereite eine Interpretation des Gedichts „liegen, bei dir" vor.
   – Fertige eine gegliederte Stoffsammlung als Mindmap oder Tabelle an.
   – Orientiere dich auch an der blauen Box auf S. 25.

Ernst Jandl: liegen, bei dir (1956)

ich liege bei dir. deine arme
halten mich. deine arme
halten mehr als ich bin.
deine arme halten, was ich bin
wenn ich bei dir liege und
deine arme mich halten.

Eine Gedichtinterpretation schreiben und überarbeiten

Schülerbuch S.78 ■ Interpretieren Gedicht

In der **Einleitung** deiner Gedichtinterpretation wählst du einen möglichst interessanten Einstieg, nennst Autor, Titel, Thema und Entstehungsjahr und führst zur **Deutungshypothese** hin.

Im **Hauptteil** stellst du den **Inhalt** des Gedichts dar, beschreibst und deutest Besonderheiten und Funktionen von **Inhalt**, **Form** und **Sprache**. Wichtig ist eine nachvollziehbare **Gliederung**.

Mögliche **Untersuchungsaspekte** sind der Sprecher und die Sprechsituation, die Grundstimmung des Gedichts, Form (z. B. *Vers, Strophe, Reim, Metrum*) und Sprache (z. B. *Satzbau: Parallelismen, Inversion …; Wortwahl: sprachliche Bilder, Klangfiguren*). Stütze deine Aussagen durch sinnvolle **Textbelege**.

Am **Schluss** stellst du einen **Bezug zur Einleitung** her, fasst deine Ausführungen zusammen und begründest sie. Beim Schreiben deiner Interpretation solltest du den **Zusammenhang** zwischen **Inhalt**, **Form** und **Sprache** deutlich machen. Mögliche **Leitfragen** könnten sein: Warum findet sich an dieser Stelle im Gedicht dieses besondere sprachliche Mittel? Welche Stimmung wird dadurch hervorgerufen, welche Aussage verstärkt?

Hilde Domin: Die Liebe

Die Liebe
sitzt in der Sonne
auf einer Mauer und räkelt sich
für jeden zu sehn
5   Niemand hat sie gerufen
niemand könnte sie wegschicken
auch wenn sie störte
Woher kam sie als sie kam?
Man sieht selbst die Katze kommen
10 oder ein Gedicht auf dem Papier
Und der dunkelfüßige Traum
stellt sich nicht aus
Die Mauer ist leer
wo die Liebe saß
15 Wohin ging sie als sie ging?
Selbst der Tod, selbst die Träne
lässt eine Spur

Hilde Domin

1. Bereite eine Rezitation des Gedichts vor und trage es vor.

2. Erläutere, wie die Liebe in diesem Gedicht charakterisiert wird.
   – Beachte dabei vor allem die Verse 5/6 und 15 bis 17.
   – Verfasse eine Einleitung mit Deutungshypothese.

3. Untersuche sprachliche Besonderheiten und Auffälligkeiten bei der Form.
   – Deute die Personifikationen, Anaphern und Besonderheiten bei der Syntax.
   – Kläre, ob deine Ergebnisse die Deutungshypothese (Aufgabe 2) stützen. Überarbeite ggf. deine Deutungshypothese.

4. Untersuche den folgenden Interpretationsausschnitt eines Schülers. Prüfe, ob
- der Inhalt des Gedichts verständlich und treffend wiedergegeben ist.
- der Zusammenhang zwischen Inhalt, Sprache und Form deutlich wird.
- die Gedankengänge sprachlich sinnvoll verknüpft sind (z. B. Scharnierwörter).
- zentrale Aussagen mit Zitaten belegt und die Zitate sinnvoll integriert sind.

> *Können wir bestimmen, wen wir lieben? Oder kommt und geht die Liebe, wann immer sie will? Dem Gedicht „Die Liebe" von Hilde Domin liegen diese Fragen zugrunde. Die Liebe erscheint als geheimnisvolles Wesen: Sie bringt schöne Erlebnisse, hat zugleich negative Seiten und hinterlässt keine Spuren. (...) „Die Liebe" (V. 1) wird personifiziert, wodurch man das Bild eines Lebewesens, das „auf einer*
> ⁵ *Mauer" sitzt und sich „räkelt" (V. 3), vor Augen hat. Dass die Liebe kommt und geht, wann sie will, wird durch die Anapher „niemand" (V. 5) verdeutlicht. Die Frage „Woher kam sie [,] als sie kam?" (V. 8) wird im Gedicht nicht beantwortet, da die Antwort unbekannt ist. Niemand weiß, woher die Liebe kommt, obwohl man sogar Katzen, die bekanntlich lautlos schleichen, bemerkt (V. 9). In der Liebe muss man auch leiden, was durch den „dunkelfüßige[n] Traum" (V. 11) verdeutlicht wird. (...) Die Anapher „Selbst*
> ¹⁰ *der Tod, selbst die Träne / lässt eine Spur" (V. 16 f.) betont zum einen die Trauer, die das Ende der Liebe bewirkt, zum anderen unterstreicht sie die Rätselhaftigkeit der Liebe, denn alles auf der Welt hinterlässt Spuren, nur die Liebe nicht.*

5. Schreibe eine vollständige Interpretation zu dem Gedicht „Die Liebe" (S. 27). Du kannst den Schülertext oder Teile davon übernehmen. Gehe so vor:
- Überprüfe, welche Besonderheiten von Sprache und Form du ergänzen musst. Fertige eine gegliederte Stoffsammlung an.
- Notiere Stichpunkte für den Schlussteil, z. B. Stellungnahme zu der im Gedicht dargestellten Liebesauffassung.
- Schreibe deine Interpretation.
- Überarbeitet deinen Text mithilfe der unten stehenden blauen Box.

Schülerbuch S. 82 ■ Interpretieren Gedicht

Folgende Fragen können dir bei der Überarbeitung deines Textes helfen:
Sind **Thema und Inhalt verständlich** formuliert?
Ist meine Interpretation **nachvollziehbar** gegliedert?
Habe ich die **Funktionen von Form und Sprache** des Gedichts klar dargelegt?
Sind zentrale **Aussagen** durch sinnvoll eingebettete **Zitate belegt**?
Sind meine **Formulierungen** in der Ausdrucksweise **angemessen**?
Du kannst selbst auch noch weitere Fragen ergänzen. Wähle dabei solche Aspekte, die dir beim Schreiben schwierig erscheinen.
Abschließend solltest du noch einmal jeweils in einem gesonderten Durchgang die **Rechtschreibung, Grammatik** und **Zeichensetzung überprüfen**.

● Das kannst du jetzt! ☆

🌐 **Training interaktiv**
Zu literarischen Texten schreiben
v2c5vk

Martin Niemöller:
Als sie die Kommunisten holten
(mündliche Überlieferung)

Als die Nazis die Kommunisten holten,
habe ich geschwiegen,
ich war ja kein Kommunist.

Als sie die Sozialdemokraten einsperrten,
5 habe ich geschwiegen,
ich war ja kein Sozialdemokrat.

Als sie die Gewerkschafter holten,
habe ich geschwiegen,
ich war ja kein Gewerkschafter.

10 Als sie mich holten,
gab es keinen mehr,
der protestieren konnte.

Martin Niemöller war ein deutscher Pfarrer und Theologe. Er lebte von 1892 bis 1984. Zunächst unterstützte er Hitlers Politik, lehnte sie jedoch später ab. Er wurde verhaftet und in die Konzentrationslager Sachsenhausen und Dachau deportiert. Im Jahr 1945 wurde er von den alliierten Truppen befreit. Er setzte seine Karriere als Geistlicher in Deutschland fort und engagierte sich in der Friedensbewegung. Auf die Frage, wann dieses Gedicht entstanden sei, antwortete er einmal: „Das war kein Gedicht, nein. Ich hatte mal in Oefflers Gemeinde gepredigt, da war damals der Generalbischof der lutherisch-slowakischen Kirche dabei in Siegelbach bei Kaiserslautern. […] Es gab keine Niederschrift oder Kopie von dem, was ich gesagt hatte, und es kann durchaus gewesen sein, dass ich das anders formuliert habe."

1. Lies das Gedicht „Als sie die Kommunisten holten". Formuliere deinen ersten Eindruck und erläutere kurz, worum es in dem Gedicht geht. Arbeite im Heft.

2. Schreibe einen Einleitungssatz für eine Gedichtinterpretation. Orientiere dich an dem Beispiel.

In dem Gedicht „Als sie die Kommunisten holten" _____

_____

3. 📖 Notiere Stichpunkte zur Grundstimmung, zu Besonderheiten der Sprache und zum Zusammenhang von Inhalt und Form. Arbeite im Heft.

4. 📖 Verfasse eine Interpretation zu dem Gedicht „Als sie die Kommunisten holten" von Martin Niemöller. Nutze deine Vorarbeiten aus den Aufgaben 1–3. Arbeite im Heft.

○ **EXTRA: Üben**

1. Löse das folgende Rätsel und ergänze den Lösungssatz. Nimm ein Wörterbuch zur Hilfe.

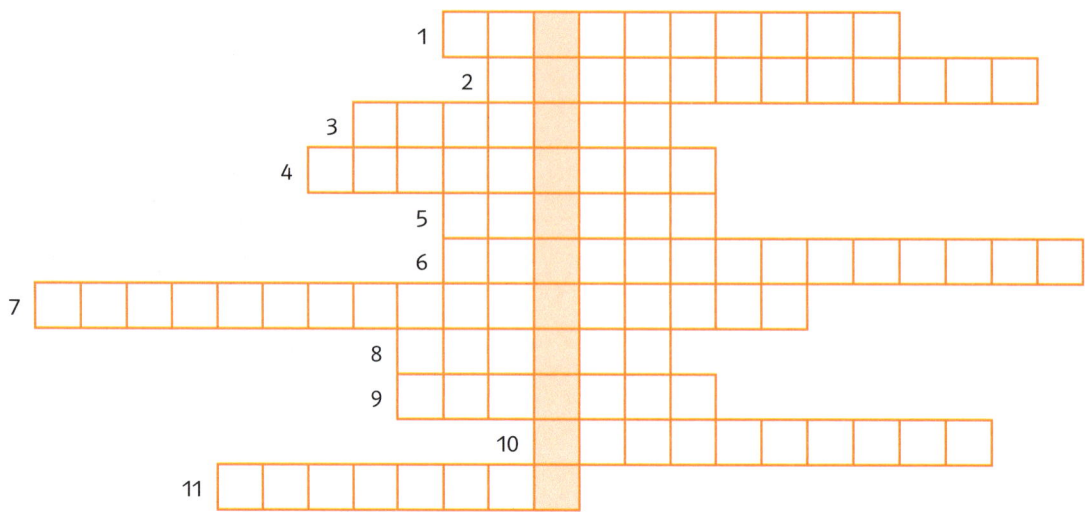

1	erster Abschnitt eines Dramas
2	erste Aufführung eines Stücks
3	In dieser Form verfasst man den Tagebucheintrag einer literarischen Figur.
4	So bezeichnete Max Frisch selbst sein Werk „Biedermann und die Brandstifter".
5	Gespräch in einem Drama mit mindestens zwei Gesprächspartnern
6	Hinweis des Dramenautors zur Umsetzung einer Szene
7	Kernstück einer Drameninterpretation
8	kleinere Handlungsabschnitte eines Dramas
9	bewegliche Bühnenbilder für den Bühnenhintergrund
10	Textvorsagerin im Theater
11	Gegenstand, der als Zubehör für eine Aufführung dient

Lösung: *Die Hauptfigur eines Theaterstücks nennt man* _____ .

2. Ergänze die folgende Tabelle, indem du Wortverwandte bildest. Orientiere dich an dem Beispiel.

Substantiv	Verb	Adjektiv
Drama	dramatisieren	*dramatisch*
		dialogisch
Analyse		
	inszenieren	szenisch
		skizzenhaft
	perspektivieren	
Motiv		
		interpretatorisch
	monologisieren	
		produktiv
	synthetisieren	
Kritik		

3. Anna soll ein Gedicht schriftlich interpretieren. Bei folgenden Wörtern ist sie unsicher. Deshalb hat sie sich jeweils drei Varianten notiert. Markiere die jeweils richtige Schreibweise.

Parallelismus, Paralellismus, Parallellismus   Inwersion, Inverson, Inversion

Metapfer, Metafer, Metapher   Daktylus, Daktilus, Dacktylus

Deutungshypothese, Deutungshipothese, Deutungshypotese

Alliteration, Aliteration, Alitteration   lyrisches-Ich, lyrisches ich, lyrisches Ich

4. Bilde mit jedem Begriff aus Aufgabe 3 einen sinnvollen Satz.

_____

_____

_____

_____

_____

_____

_____

_____

5. Die folgenden Verse des Gedichts „Sei ein braver Biedermann" von Wilhelm Busch sind durcheinander geraten. Schreibe das Gedicht richtig auf. Bestimme Reimschema und Strophenaufbau und fasse den Inhalt der drei Strophen in jeweils einem Satz zusammen. Arbeite im Heft.

Fange tüchtig an zu loben!   Und verlege dich aufs Tadeln.

Schwebst du so mit Wohlgefallen   Na, denn sei mir nur nicht faul

Willst nicht, dass dich andre adeln?   Gerne mit emporgehoben.

Hocherhaben über allen.   Sei ein braver Biedermann,

Wie, du ziehst ein schiefes Maul?   Gelt, das ist ein Hochgenuss,

Als ein sel'ger Kritikus   Und du wirst von uns sodann

Erzählende Texte untersuchen und deuten

Ein Jugendbuch verstehen – die Figurenrede untersuchen

Schülerbuch S.99 ■ Figurenrede

Die Gedanken und Gefühle einer Figur können unterschiedlich wiedergegeben werden. Entweder erfährt der Leser **unmittelbar**, was die Figuren denken, und fühlt mit ihnen oder Gedanken und Gefühle der Figuren werden **durch** den **Erzähler vermittelt**, was mehr Abstand erzeugt.
In der **direkten Rede** spricht die Figur selbst, sodass der Leser die Geschehnisse direkt miterlebt.
Colbert: „Ich bin glücklich mit Simpel."
In der **indirekten Rede** gibt der Erzähler die Rede einer Figur im Konjunktiv I wieder.
Colbert sagte, dass er mit Simpel glücklich sei.
Der **innere Monolog in der direkten Rede** gibt die Gedanken der Figur in der 1. Pers. Indikativ wieder und wird durch den Erzähler vermittelt.
Colbert dachte: Ich bin mit Simpel glücklich.
Der **innere Monolog als erlebte Rede** steht in der 3. Pers. Indikativ, erfolgt aus der Perspektive der Figur und wirkt somit unmittelbar auf den Leser.
Sie waren beide glücklich. Davon war er überzeugt.

1. Erstelle ein Cluster zum Begriff „simpel".
Notiere unten deine Erwartungen, die du an ein Buch mit diesem Titel hast.

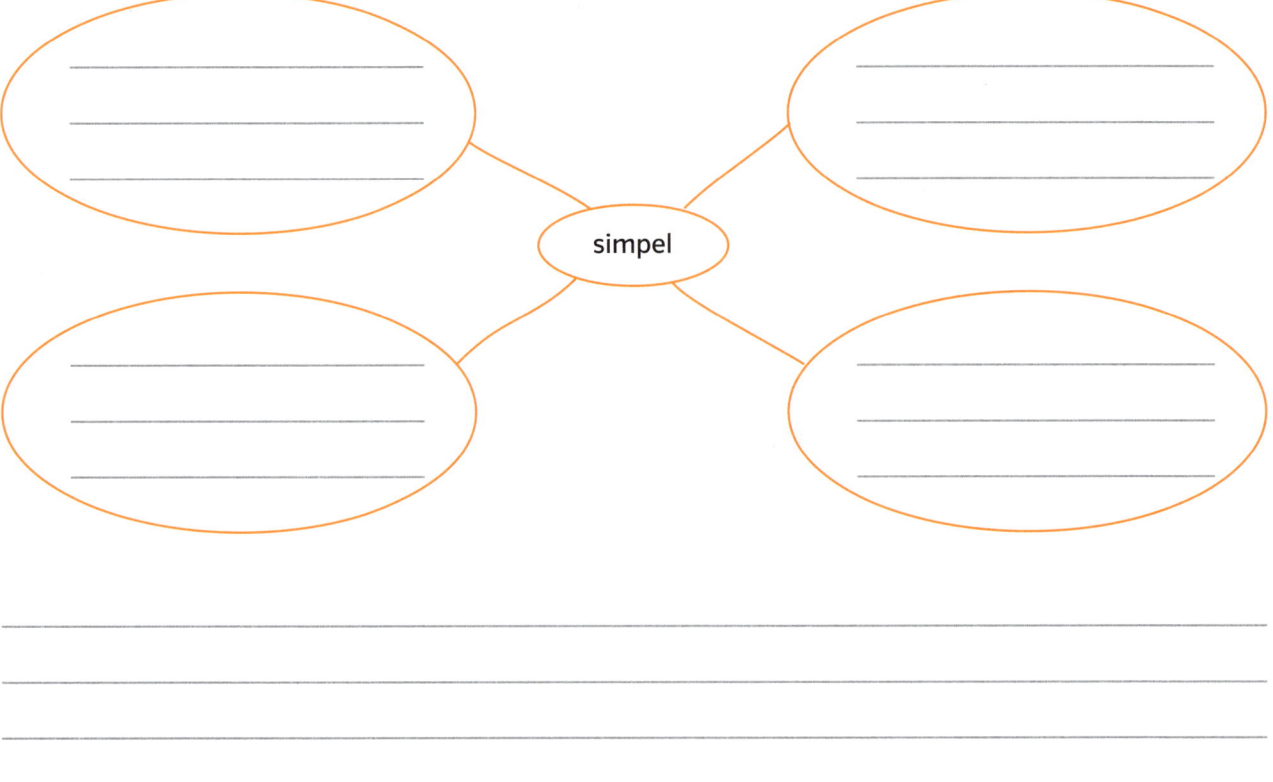

_____

_____

_____

Marie-Aude Murail: Simpel (2004, Auszug)

Der 17-jährige Colbert Maluri und sein Bruder Simpel sind nach Paris gezogen. Colbert hat sich in der Abschlussklasse am Gymnasium Henry IV angemeldet, um in diesem Schuljahr sein Abitur zu machen. Die beiden wohnen bei ihrer alten Tante.

[…] „Kuckuck!", ertönte es schelmisch.
Simpel saß im Schneidersitz auf dem Bett und hielt etwas hinter seinem
Rücken versteckt. Verheißungsvoll wiederholte er „Kuckuck!" Hinter
seiner Schulter erschienen zwei schlaffe, braune Stoffohren. Er wedelte mit
5 ihnen.
„Der hat ja gerade noch gefehlt", murmelte Colbert.
„Wer ist das?", fragte Simpel erwartungsvoll.
„Ich weiß es nicht." Es galt, das Vergnügen in die Länge zu ziehen.
„Ist was mit ase drin", sagte Simpel.
10 „Ist es eine Nase?"
„Nein!"
„Ist es eine Vase?" Simpel verschluckte sich fast vor Lachen.
„Ist es Monsieur Hasehase?"
„Jaaaaaa!", brüllte Simpel und schwang einen alten Stoffhasen, dessen Ohren wie wild hin und her
15 schlackerten.
Da begann das Handy zu klingeln.
„Ich bin's", rief Simpel. „Ich bin's: Hallo?" Colbert sprang auf, damit sein Bruder nicht versuchte,
ihm das Telefon wegzunehmen.
„Hallo, Papa?"
20 „Nein, ich bin's, ich bin's: Hallo, Papa."
„Ja, es geht", sagte Colbert locker. „Wir sitzen hier mit Monsieur Hasehase, es ist alles in Ord-
nung … Die alte Tante? Mit der geht's auch. Na ja, nein, eigentlich nicht."
Colbert hatte sich entschieden, Klartext zu reden.
„Simpel mag sie nicht besonders. Er will sie umbringen." Colbert war sich nicht immer so ganz
25 bewusst, was er sagte.
„Nein, nicht in echt! Mit seinem Verolver … Ja … ja … ich weiß, Papa. Ich bin verantwortlich, ich
war derjenige, der … Ja."
Er hob den Blick zur Decke, während sein Vater Argumente vorbrachte. Simpel sei eine zu große
Belastung, er würde einem das Leben unerträglich erschweren, man müsse ihn zurück nach Mali-
30 croix* bringen. Währenddessen spielte Simpel, der eine ganze Tüte Playmobil auf dem Bett ausge-
leert hatte, scheinbar gedankenverloren halblaut vor sich hin. Aber er hörte mit halbem Ohr zu. […]
Während Colbert mit seinem Vater diskutierte, sah er seinem Bruder beim Spielen zu.
„Das Beste wäre, wir würden eine Wohnung finden, die wir mieten können. Dann wären wir unabhängig … Aber nein, Papa, Simpel muss nicht *beaufsichtigt* werden. Er ist zweiundzwanzig." […]

* Klinik für geistig behinderte Menschen

---

2. Lies den Auszug aus dem ersten Kapitel des Romans „Simpel" von Marie-Aude Murail.
Beschreibe, welchen Eindruck du von Simpel und Colbert gewinnst.

_____

_____

_____

_____

3. Unterstreiche Textstellen in dem Auszug auf Seite 33, die Auskunft über die Figuren geben. Lege eine Übersicht an, in der du zu jeder Figur Informationen sammelst. Erläutere dann, wie durch die Art des Erzählens und der Figurenrede ein Bild jeder Figur entsteht. Arbeite im Heft.

Marie-Aude Murail: Simpel (2004, Auszug)

[…] „Der ist nicht brav", sagte er über einen kleinen schwarz-weißen Cowboy, „der muss jetzt in die Anschalt."
Simpels Gesicht nahm einen Ausdruck düsterer Befriedigung an. Das kleine Männchen musste Drohungen, Ohrfeigen und eine Spritze über sich ergehen lassen. Dann stopfte er ihn unter sein
5 Kopfkissen. „Hilfe! Hilfe!", rief der kleine Cowboy. […]
Gerade hatte Simpel das Playmobilmännchen wieder unter dem Kopfkissen hervorgezogen und schimpfte es aus: „Du bist ein I-di-ot. Ich will dich nicht mehr sehen. Ich mach ein Loch. Du gehst in das Loch, und dann bist du tot, und ich bin gar nicht traurig mit dir. Wo ist Monsieur Hasehase?"
Verstört suchte er seinen Hasen. Als er ihn entdeckte, entspannte er sich schlagartig: „Aaaaah! Da ist
10 er. Monsieur Hasehase macht Malicroix tot." Auf dem Bett gab es ein fürchterliches Gemetzel. […]

4. Lies den Textauszug. Erkläre, wodurch der Leser ahnt, was Simpel in Malicroix erlebt haben könnte, obwohl der Ort selbst gar nicht beschrieben wird.

_____

_____

_____

_____

_____

_____

5. Bestimme bei den folgenden Textstellen aus dem Roman die Art der Figurenrede und beschreibe jeweils die Wirkung.

a) Colbert betrachtete das Stofftier länger. Eines Tages würde es in Fetzen zerfallen. Bei dem Gedanken wurde ihm schwer ums Herz. (S. 37)

_____

_____

_____

b) Simpel hatte das Bedürfnis, sich wie die Großen zu unterhalten. „Kennst du dich mit Mädchen aus, Colbert?", fragte er. Colbert dachte, dass er sich gerne besser auskennen würde. (S. 73)

_____

_____

_____

c) „Gehst du nicht schlafen, Simpel?"
Simpel schüttelte den Kopf. „Monsieur Hasehase ist noch nicht zurück."
„Was?"

„Wann kommt Monsieur Hasehase zurück?"

„Sag bloß nicht …"

Colbert spürte, wie er fast ohnmächtig wurde. (S. 83)

_____

_____

_____

d) Colbert, der tief in seinem Glas wieder Mut geschöpft hatte, ging zu Zahra, um sie aufzufordern. Im Dämmerlicht streichelte er die Schulter seiner Tanzpartnerin. Dann redete er sich gut zu, sie dort zu küssen. Bei Fünf. Eins, zwei, drei, vier … „Psst!", besänftigte ihn Zahra. Ich flirte, ich flirte, dachte Colbert, verrückt vor Freude. (S. 110)

_____

_____

_____

6. Lies das folgende Gespräch zwischen Simpel und Monsieur Hasehase. Erläutere Gemeinsamkeiten und Unterschiede zu der bisher im Text verwendeten Figurenrede. Gehe darauf ein, welche Bedeutung das Stofftier für Simpel hat.

Marie-Aude Murail: Simpel (2004, Auszug)

Während der Sonntagsmesse baut Simpel aus Langeweile seinem Hasen im Beichtstuhl eine Höhle und vergisst ihn dort. Als er am Abend dem tief unglücklichen Simpel zurückgebracht wird, entwickelt sich zwischen den beiden folgendes Gespräch.

[…] Als die Tür wieder zu war, legte Simpel Monsieur Hasehase aufs Kopfkissen.

„Warum bist du in der Kirche geblieben?" Die Frage enthielt einen kleinen Vorwurf.

5 „Das war, um die Nacht zu sehen", schwindelte Monsieur Hasehase.

„Wie ist die?"

„Ganz schwarz."

„Mit Ungeheuern?"

10 „Ein bisschen." Monsieur Hasehase war wirklich mutig.

„Aber du gehst nie mehr in die Nacht?"

„Nie mehr", versprach Monsieur Hasehase.

„Und du lässt mich nie mehr in dieser Höhle?" Simpel schüttelte den Kopf. Sie hatten beide Angst gehabt. Simpel ohne Monsieur Hasehase war wie Monsieur Hasehase ohne Simpel: das Ende von

15 allem. […]

_____

_____

_____

_____

Ein Jugendbuch verstehen –
die Erzählhaltung und Darstellungsweise untersuchen

Schülerbuch S.102, 109 ■ Darstellung, Erzählhaltung,

Die Erzählhaltung ist die **Einstellung des Erzählers** zum Geschehen und zu den Figuren. Sie kann z. B. *bejahend, verneinend, neutral, ironisch, kritisch, humorvoll* oder *distanziert* sein und wird fassbar in der Art, wie das Geschehen dargestellt wird, in der Charakterisierung der Figuren und in Wortwahl und Satzbau. Die Haltung des Erzählers ist ein Mittel der **Leserlenkung** und kann Aufschluss über die **Absicht des Autors** geben.
Das **Geschehen** kann dabei **unterschiedlich dargestellt** werden, z. B. als *Bericht, Beschreibung* oder *Dialog*, wodurch verschiedene **Wirkungen** beim Leser erreicht werden.

Marie-Aude Murail: Simpel (2004, Auszug)

Die beiden Brüder wollen in eine Studenten-WG ziehen. Dort leben Enzo, der an einem Roman schreibt und unglücklich in Aria verliebt ist, Aria, die Freundin von Emmanuel, der mit 25 Jahren der Älteste der WG ist, und Corentin, der Bruder von Aria. Colbert und sein Bruder treffen zum Vorstellungsgespräch in der Wohnung ein. Aria öffnet ihnen die Tür.

[…] „Kommt rein!"
Emmanuel las, Corentin rauchte, Enzo tat nichts. Auf dem Tisch standen die Tassen und die Kaffeekanne, daneben ein Teller mit Keksen. Als die Maluris hereinkamen, gab es ein Durcheinander von Begrüßungen. Alle setzten sich um den Tisch und Emmanuel eröffnete das Gespräch. […]

5 Colbert erklärte, dass sie gerade vorübergehend bei einer alten Verwandten wohnten und unabhängig sein wollten.
„Was studierst du?", fragte ihn Emmanuel […].
„Ich komme in die Abschlussklasse."
Alle Blicke richteten sich auf Simpel. Er hatte die Hände unter dem Tisch und den Blick gesenkt.
10 „Ja, richtig", sagte Colbert. „Das ist mein älterer Bruder. Er ist deb… Er ist geistig behindert." In der darauf eintretenden Stille verlor Colbert den Boden unter den Füßen.
„Ja, ich vermute, das … das ist ein Problem für euch", murmelte er. […]
Der künftige Arzt [Emmanuel] war überzeugt davon, dass Simpel mit Psychopharmaka vollgestopft war. Er wandte sich an Colbert: „Hat er bei der Geburt einen Hirnschaden erlitten?"
15 „Emmanuel, sei so lieb", unterbrach ihn Enzo, „aber warte mit deinem Autopsiebericht bitte, bis er tot ist. Davon abgesehen: Ist Monsieur Hasehase zufrieden, dass er hier ist?"
„Das ist ein Stofftier", antwortete Simpel. Man betrat seine Welt nicht, ohne dazu eingeladen worden zu sein. […]

1. Untersuche anhand der markierten Textstellen, wie der Erzähler die Situation in dieser ersten Begegnung darstellt. Beschreibe die Wirkung.

Z. 2–4: _____

_____

_____

Z. 9: _____

_____

2. Welche Eindrücke gewinnst du von den WG-Bewohnern? Notiere Stichpunkte.

_____

_____

_____

_____

_____

3. Beschreibe, wie Colberts Gefühle in dieser Situation für den Leser erlebbar gestaltet werden (vgl. Z. 10–12).

_____

_____

_____

_____

4. 📖 Untersuche in den Zeilen 13–18 (S. 36) die Erzählhaltung. Erläutere, wie Emmanuel, Enzo und Simpel charakterisiert werden. Arbeite im Heft.

Marie-Aude Murail: Simpel (2004, Auszug)

Colbert und Simpel sind schließlich in die WG gezogen. Dort wird eine Party gefeiert. Zu den Gästen zählt unter anderem auch Zahra, ein Mädchen aus Colberts Klasse. Simpel soll in dieser Zeit in seinem Zimmer bleiben. Jedoch hält er sich nicht daran.

[…] Bereits vor zehn Minuten war, ohne dass es irgendjemand bemerkt hätte, Simpel hereingekommen: als Prinz verkleidet, mit Topfdeckel, Pappkrone und Zorro-Umhang. Die Musik lief, die Gläser klirrten, und die Aufmachung der Mädchen machte auf ihn den Eindruck, an einem ganz außerordentlichen Fest teilzunehmen. Aber die Hauptperson wurde vergessen: „He! Der Märchen-
5 prinz ist da!"
Colbert hatte gerade etwas trinken wollen und hätte sich beinahe verschluckt. Er war so mit seinen Verführungsmanövern beschäftigt gewesen, dass er seinen Bruder ganz vergessen hatte. Alle verstummten und sahen Simpel an, der Monsieur Hasehase an der Krawatte hielt.
„Wer ist die Prinzessin hier?", fragte er. Emmanuel bot Colbert an, Simpel eine Spritze zu ver
10 passen, wenn Colbert ihm das Medikament besorgen würde. Colbert war peinlichst berührt, ging zu seinem Bruder und zog ihn am Ärmel. „Komm, ich hab vergessen, dir Kuchen zu bringen."
Er drehte sich um und wandte sich den Anwesenden, besonders aber Zahra zu: „Das ist mein Bruder, er ist geistig behindert."
„Ein I-di-ot."
15 Die Szene war derart seltsam, dass alle erstarrten. […] „Okay, wir werden doch nicht die ganze Nacht so verbringen", sagte plötzlich Enzo. „Simpel ist sehr lieb. Heute Abend ist er der Märchenprinz. Mich persönlich stört das nicht."
Enzo goss Simpel ein großes Glas Bowle ein und flüsterte Colbert zu: „Lass. Ich kümmer mich drum."
20 Er führte Simpel in eine Ecke des Wohnzimmers […].

5. 📖 Formuliere zusammenhängend, wie die Situation und das Verhalten der Figuren auf dich wirken. Arbeite im Heft.

6. Beschreibe, wie der Erzähler den Verlauf der Party (S. 37) darstellt. Begründe, warum die Partysituation kaum szenisch gestaltet ist. Arbeite im Heft.

7. Lies die beiden folgenden Textauszüge aus dem Roman. Unterstreiche Textstellen, in denen die Einstellung des Erzählers deutlich wird, und erläutere jeweils die Erzählhaltung und die verwendete Figurenrede. Orientiere dich an dem Beispiel.

a) Simpel wandte sich an Aria. […] „Kann ich ein' Keks nehmen?" „Ja, da …" Und sie hielt ihm mit spitzen Fingern ein Stück Buttergebäck hin, <u>als wäre er ein kleiner Hund.</u> Noch nie hatte sich Colbert so gedemütigt gefühlt. (S. 49 f.)

_____

_____

_____

_____

b) Er [Enzo] führte Simpel in eine Ecke des Wohnzimmers, fing aber im Vorbeigehen Arias Blick auf. Er las die Überraschung darin und dachte: Du kennst mich nicht, Aria. Was nicht im Geringsten verwunderlich war, da er sich selbst nicht kannte. (S. 107)

_____

_____

_____

_____

8. Prüfe, ob die Erzählhaltung bei den folgenden Textstellen neutral oder wertend ist. Achte besonders auf die Wortwahl. Begründe deine Meinung und belege sie am Text.

a) Emmanuel bot Colbert an, Simpel eine Spritze zu verpassen, wenn Colbert ihm das Medikament besorgen würde. (S. 107)

_____

_____

_____

_____

b) Enzo goss Simpel ein großes Glas Bowle ein und flüsterte Colbert zu: „Lass. Ich kümmer mich drum." Er führte Simpel in eine Ecke des Wohnzimmers, […] (S. 107)

_____

_____

_____

_____

● Das kannst du jetzt! ☆

⊕ **Training
interaktiv**
Erzählende Texte
3c883a

Marie-Aude Murail: Simpel (2004, Auszug)

*Colbert bittet seinen Vater in der Betreuung von Simpel um Unterstützung. Dieser lehnt ab und schaltet
das Jugendamt ein. Madame Bardoux vom Jugendamt nimmt Kontakt zu Colbert auf, der erst nach einigen
Gesprächen widerstrebend zustimmt, Simpel von Montag bis Freitag in Malicroix unterzubringen.
Am Wochenende soll er aber in der WG wohnen. Mit schlechtem Gewissen hat Colbert den anderen die
Entscheidung mitgeteilt. Nur Simpel weiß noch nichts davon.*

[…] „Sie wollen dich wieder nach Malicroix geben", sagte Enzo.
Aria schlug ihm mit der Faust auf die Schulter. „Hör auf, solchen Blödsinn zu sagen!"
„Ist das Blödsinn oder ist es die Wahrheit?"
„Ich geh nicht nach Malicroix?", sagte Simpel und sah seinen Bruder fragend an.
5 „Nicht … Nicht jetzt", stammelte Colbert.
„Danach?"
„Ja."
„In zwölf Jahren?"
„Ein … Ein bisschen früher."
10 „Nächsten Montag", sagte Enzo brutal.
Er fing sich einen weiteren Fausthieb ein.
„Enzo hauen ist böse", sagte Simpel.
Corentin konnte nicht schlucken. Er hatte noch nie
eine so schmerzliche Szene erlebt.
15 „Monsieur Hasehase will nicht nach Malicroix."
„Du weißt genau, dass das ein Stofftier ist", sagte Aria.
Simpel schüttelte den Kopf. „Er wirft aus dem Fenster."
Das war eine Suiziddrohung. […] Emmanuel ging zu Colbert und sagte halblaut: „Lass dich nicht
beeindrucken. An solchen Orten sind die Fenster immer vergittert."
20 Colbert war sprachlos. […]

1. Lies den Auszug aus dem Roman „Simpel" und achte auf die Darstellungsweise. Prüfe, welche Art der
Darstellung überwiegt, und beschreibe die Wirkung auf den Leser.

_____

_____

2. 📄 Erläutere die Haltung des Erzählers zum Geschehen und zu den Figuren anhand ausgewählter
Textstellen. Beschreibe dabei auch, wie die WG-Bewohner mit der Situation umgehen und der Erzähler
Gefühle und Charaktere der einzelnen Personen deutlich werden lässt. Arbeite im Heft.

3. 📄 Bestimme die Figurenrede in den folgenden vier Sätzen und erkläre ihre Funktion und Wirkung.
Arbeite im Heft.

a) „Sie wollen dich wieder nach Malicroix geben", sagte Enzo.

b) Enzo sagte, dass Simpel wieder nach Malicroix gebracht werden solle.

c) Enzo dachte: Sie wollen ihn wieder nach Malicroix geben. Ich kann es nicht glauben.

d) Sie wollen ihn wieder nach Malicroix geben. Er konnte es nicht glauben.

◯ EXTRA: Üben

Marie-Aude Murail: Simpel (2004, Auszug)

[…] Am nächsten Morgen stand Corentin mit einer Stinklaune auf.
Er hatte beschlossen, nicht mehr zu rauchen. Er machte den
Kühlschrank auf und holte alle Wurst- und Käsereste heraus.
Er setzte sich und würdigte Simpel, der Buttergebäck in
5 Orangensaft stippte, kaum eines Blickes. Er schnitt sich
Brot- und Wurstscheiben, schmierte Butter aufs Brot,
schichtete Käse darauf, goss sich eine große Schale Kaffee
ein, trank, aß, nahm sich kaum die Zeit zu atmen und
schon gar keine, zu kauen.
10 „Grunz, grunz", sagte Simpel ihm gegenüber. Corentin
hob den Kopf und fragte mit vollem Mund: „Was, grunz,
grunz?"
„Das ist das Schwein. Das macht grunz, grunz." Noch nie
hatte jemand Corentin so deutlich gesagt, dass er sich wie
ein Schwein vollstopfte. Langsam schob er seinen Teller
zurück.
„Du musst dich wirklich in alles einmischen", sagte er gereizt.
In den letzten Wochen hatte er wieder zwei Kilo zugenommen. […]

1. Lies den Textauszug und ergänze im folgenden Lückentext die fehlenden Begriffe. Nutze die Vorgaben im Kasten und setze sie in der richtigen grammatischen Form ein.

szenisch	schlecht	nah	Aufzählung	Hauptsatz
direkt	Aneinanderreihung	Narr	berichten	

In dem Textauszug beobachtet Simpel seinen WG-Mitbewohner Corentin beim Frühstück. Naiv

kommentiert Simpel, was er sieht, ohne über mögliche Reaktionen des anderen nachzudenken.

Dabei übernimmt er die Rolle eines _____, der das Recht hat, ungestraft die

Wahrheit zu sagen. Das Geschehen wird erlebbar durch den Wechsel von Erzähltem und der

_____ Figurenrede.

Der Erzähler _____ im ersten Absatz sehr ausführlich, wie Corentin an diesem

Morgen frühstückt. Auffällig dabei ist der Satzbau. Mittels einer _____ gleich-

förmiger _____ entsteht der Eindruck monotoner Abläufe, über die Corentin in

seiner _____ Laune gar nicht mehr nachdenkt. Zudem wirkt die knappe

_____ der Tätigkeiten hektisch und unruhig. Im zweiten Absatz überwiegt eine

_____ Darstellung, durch die der Leser _____ an das Geschehen

herangeführt wird.

Marie-Aude Murail: Simpel (2004, Auszug)

Als Colbert Simpel in der Klinik abholt, begreift er bestürzt, dass Simpel dort nicht wieder hin darf. Simpel wirkt abgestumpft und hat seinem Hasen die Augen herausgeschnitten. Colbert findet Unterstützung bei seinen Mitbewohnern. Aria näht dem Hasen die Augen wieder an. Sonntagabend ist Colbert für einen Moment unterwegs. Als der Vater auftaucht, nimmt er Simpel ohne Rücksprache mit.

[…] Monsieur Maluri hatte Colbert eine schmerzhafte Szene ersparen wollen. Aber Simpel zeigte keinerlei Reaktion, als er in Malicroix ankam. Er schien gleichgültig, als hätte er sich ganz in sich selbst zurückgezogen. Es gibt Fortschritte, dachte sich Monsieur Maluri. Kaum war er wieder gegangen, legte Simpel sein Stofftier auf das Kopfkissen, dann holte er seine Kinderschere.
5 „Machst du mir wieder die Augen kaputt?"
„Du sollst das nicht sehen."
„Ja, aber wie weine ich dann?", fragte Monsieur Hasehase.
Simpel dachte eine Weile nach, während er mit der Schere spielte. Das war eine gute Frage. Er setzte sich aufs Bett, lehnte den Kopf an die Wand und vergoss zwei Tränen.
10 „Colbert ist ein Dreckskerl", sagte Monsieur Hasehase. […]

2. 📰 Lies den Textauszug und beschreibe, auf welche Weise der Erzähler Simpels Gedanken und Gefühle mitteilt. Arbeite im Heft.

3. Forme die folgende Textstelle in verschiedene Formen der Figurenrede um. Beachte dabei Veränderungen in der Grammatik und Zeichensetzung.

Aber alle, alle hatten sie ihn [Simpel] verraten, Enzo, Aria, Corentin, Zahra. […] Vor allem Colbert.
(S. 244)

Direkte Rede:

Simpel _____ zu Hasehase: _____

_____

Indirekte Rede:

Simpel _____, dass _____

_____

Innerer Monolog in der direkten Rede:

Simpel _____: _____

_____

Innerer Monolog als erlebte Rede:

_____

_____. Das glaubte _____ ganz fest.

Gedichte untersuchen und deuten

◒ Den Zusammenhang von Inhalt, Sprache und Form untersuchen

Schülerbuch S. 275 ff. ▪ Inhalt, Sprache, Form

 Um ein Gedicht zu **deuten**, musst du **inhaltliche**, **sprachliche** und **formale Mittel** untersuchen und in ihrem **Zusammenhang** betrachten.

inhaltliche Mittel	sprachliche Mittel	formale Mittel
– Thema – Inhalt – Grundstimmung – Motive – lyrischer Sprecher – Sprechsituation – Informationen zu Autor/ Autorin und Entstehungszeit	– Wortwahl – sprachliche Bilder (z. B. *Personifikation, Symbol, Metapher, Wiederholung, Vergleich, Neologismus*) – Stilfiguren (z. B. *Anapher, Parallelismus, Inversion, Ellipse, Reihung*) – klangliche Mittel (z. B. *Alliteration, Assonanz, Häufung bestimmter Vokale oder Diphthonge und Konsonanten*)	– Verse und Strophen – Enjambement oder Zeilenstil – Metrum – Reim und Reimordnung – Aufbau des Gedichts (Ringstruktur, Antithetik)

1. Definiere den Begriff „Frage".

_____

_____

2. Grenze den Begriff „Nachfragen" von der eigentlichen Frage ab und erkläre, zu welchem Zweck man Nachfragen stellt.

_____

_____

3. Lies das Gedicht von Robert Kroiß und formuliere kurz deinen ersten Eindruck.

_____

_____

_____

_____

_____

_____

Robert Kroiß: Fragen

Fragen
Nachfragen
Fragen fragen
Fragen nachfragen
Nach Fragen fragen
Nach Fragen nachfragen
Fragen nach Fragen nachfragen
Fragen

und die Antwort?

(in Erinnerung an Erich Fried)

5

4. Vervollständige den folgenden Lückentext. Wähle aus den Vorgaben die richtigen Begriffe aus und ergänze den letzten Satz.

In dem _____ Gedicht „Fragen" von R. Kroiß wird in neun Versen der Begriff

„Frage" _____ mal wiederholt und mit den Verben „fragen" und „nachfragen" zu neuen Gedan-

ken kombiniert. Hierbei bleibt _____ in einem Wortfeld und erhebt das Verb

„nachfragen" in Vers zwei zu einem Nomen, welches der „Frage" aus Vers 1 _____

wird. Es fällt auf, dass sich die Verslängen _____, bezüglich der Wortanzahl

bilden sich hierbei _____. Lediglich die _____ drei Verse

unterstützen diesen Aufbau nicht, denn _____.

einstrophigen/mehrstrophigen

Verspaare/Versterzette

gleichen/steigern

acht/neun

das lyrische Ich/der lyrische Sprecher

letzten/ersten

gegenübergestellt/nachgestellt

5. Formuliere eine Deutungshypothese zu dem Gedicht „Fragen" (S. 42). Setze hierfür Thematik, Inhalt, formale und sprachliche Gestaltung in Beziehung zueinander. Bringe auch die folgenden Zitate von R. Kroiß in deine Überlegungen ein. Arbeite im Heft.

> „Nicht glauben, sondern prüfen … wer aber prüfen will, muss glauben, dass es was zu prüfen gibt …"

> „Wenn Wissenschaft tatsächlich Wissen schafft, weshalb werden dann die Probleme der Menschheit immer größer?"

> „Hätten wir gestern gewusst, was wir heute wissen, dann würde das Morgen ganz anders sein, als es übermorgen gewesen sein wird."

Erich Fried: Notwendige Fragen

Das Gewicht
der Angst
Die Länge und Breite
der Liebe
5 Die Farbe
der Sehnsucht
im Schatten
und in der Sonne

Wieviel Steine
10 geschluckt werden müssen
als Strafe
für Glück
und wie tief
man graben muss
15 bis der Acker
Milch gibt und Honig

6. Lies das Gedicht von E. Fried und überprüfe, ob es für dich auch notwendige Fragen behandelt.

7. Begründe, ob die Reihenfolge der Fragen verändert werden sollte. Verfasse eine Variante des Gedichts. Arbeite im Heft.

8. Die Worte sind Symbole. Deute sie hinsichtlich ihres Bezugswortes. Recherchiere auch die Bedeutung, auf die ein „Acker, der Milch und Honig gibt" (vgl. V. 15 f.) verweist.

Gewicht: _____

Länge und Breite: _____

Farbe: _____

Steine: _____

tiefes Graben: _____

Julia Engelmann:
Eckige Kugelfische (2014)

Seit ich mich erinnern kann,
    zerbrech ich mir den Kopf.
Will immer alles verstehen,
    und ich werde bekloppt.
5 Meine Synapsen sind am Tanzen,
    und sie machen nie Pause.
Feuern Neurone unentwegt
    wie grad geschüttelte Brause,
feuern Signale wie die Pyroshow
10   zum neuen Jahrtausend,
schreien Fragen in mein Ohr
    wie frisch gepflückte Alraunen.

Wenn meine Fragen schwarze Schafe wären,
stünde ich auf einer Weide
15   mit einer Herde derbe voll.
Stünde dazwischen, ganz alleine,
    nicht ahnend, was das werden soll.
Wo kommen all die Schafe her,
    und was ist das, was ich werden soll?
20 Warum ist am Tag der Himmel leer
    und nachts aber mit Sternen voll?
Und wer kann mir denn sagen,
    ob ich wirklich richtig steh,
wenn an manchen Tagen mal
25   vielleicht kein Licht angeht?
Und wenn es Regen gibt,
    wo gibt man den denn dann zurück?
Und wenn man alles kaufen kann,
    was kostet dann wohl Glück?
30 Wo ist der Rand des Universums,
    und wenn ja, warum denn nicht?
Und wenn ich jetzt an Gott glaube,
    glaubt er dann auch an mich?
Wieso bleiben manche Wünsche Träume,
35   andere werden Taten?

Julia Engelmann
wurde am 13.5.1992 in Bremen geboren. Sie studiert Psychologie, ist Schauspielerin und Poetry-Slammerin. Zwischen 2006 und 2010 stand sie in mehreren Stücken am Theater Bremen auf der Bühne. Außerdem spielte sie von 2010–2012 in einer Fernsehserie mit. 2010 gewann Engelmann zweimal nacheinander das Bremer Slammer-Filet und slammte infolgedessen beim Kunst-und-Musik-Festival MS Dockville. 2011 vertrat sie das Slammer-Filet bei den Niedersächsisch-Bremischen Landesmeisterschaften in Hannover. Einem großen Publikum in sozialen Netzwerken wurde sie Anfang 2014 durch eine Aufzeichnung ihres Auftritts beim 5. Bielefelder Hörsaalslam vom 7. Mai 2013 an der Universität Bielefeld bekannt. „Eines Tages Baby" ist ihr erstes Buch mit Poetry-Slam-Texten.

Wer pflanzt denn all die Purzelbäume
  in den Kindergarten?

Ich frage, wer, wie, was und wieso, weshalb, warum,
40 und auch wenn ich ja nicht nicht frage,
    bleib ich dabei dumm.

Und ich suche nach Antworten,
    nach Formeln, nach dem Typus dieses Zyklus,
nach dem Schema allen Seins,
45   *nach der Struktur, dem Algorithmus.* [...]

9. Formuliere deinen ersten Eindruck von J. Engelmanns Slam-Text.

_____

_____

10. Die äußere Gliederung in vier Strophen stimmt mit der inneren gedanklichen Gliederung nicht überein. Zeichne in den Text sinnvolle Gedankenabschnitte ein.

11. Fasse den Inhalt der einzelnen Gedankenabschnitte zusammen, indem du jeweils eine Teilüberschrift findest. Orientiere dich an dem Beispiel.

V. _1_ – V. _4_ : _Neugier/ Wissbegierde_ _____   V. ____ – V. ____ : _____

V. ____ – V. ____ : _____   V. ____ – V. ____ : _____

V. ____ – V. ____ : _____

12. 📑 Formuliere eine Vermutung, wie sich die Überschrift „Eckige Kugelfische" deuten lässt. Arbeite im Heft.

13. 📑 In Vers 13 werden die Fragen des lyrischen Ichs metaphorisch mit „schwarze[n] Schafe[n]" umschrieben. Deute dieses sprachliche Bild. Beziehe die Verse 14–17 und die erste Strophe in die Deutung ein. Arbeite im Heft.

14. 📑 Untersuche die Fragen in den Versen 18–37 hinsichtlich der sprachlichen Bilder und deren Deutung. Arbeite im Heft.

15. Vergleiche die Wirkung der Verse 40 f. mit der der abgebildeten Variante daneben und erkläre, was durch die doppelte Verneinung erreicht wird.

„[…] und auch wenn ich ja nicht nicht frage,   […] und auch wenn ich frage,
    bleib ich dabei dumm." (V. 40 f.)   bleib ich dabei dumm.

_____

_____

16. Erkläre, wonach das lyrische Ich im Refrain (V. 42–45) sucht. Informiere dich dazu über die Bedeutung der Begriffe.

_____

_____

17. 📑 Beschreibe den Wirkungszusammenhang zwischen Inhalt und Thema des Slam-Textes und seiner Form, die kein durchgängiges Metrum, kein einheitliches Reimschema und keinen regelmäßigen äußeren Bau aufweist. Arbeite im Heft.

18. Bereite den Auszug aus dem Slam-Text als Vortag vor. Du kannst auch eigene Verse ergänzen.

Gedichte vergleichen

Schülerbuch S.138 ■ Gedichtvergleich

Für einen **aspektorientierten Vergleich** von Gedichten suchst du nach **Aspekten**, die für beide Gedichte **bedeutsam** sind (z. B. *Thema, Grundstimmung, lyrischer Sprecher und seine Situation, Aufbau, sprachliche Auffälligkeiten, …*). Untersuche die Gedichte unter diesen Aspekten und halte deine Ergebnisse in einer Tabelle fest. Dein Vergleich sollte mit einem **Fazit** enden.

Die Nuklearkatastrophe von **Tschernobyl** ereignete sich am 26. April 1986 in Block 4 des Kernkraftwerks Tschernobyl nahe der ukrainischen Stadt Prypjat. Als erstes Ereignis wurde sie auf der siebenstufigen internationalen Bewertungsskala für nukleare Ereignisse als katastrophaler Unfall eingeordnet.

Als Folge der Reaktorexplosion wurde innerhalb der ersten zehn nachfolgenden Tage eine Aktivität von mehreren Trillionen Becquerel freigesetzt. Die so in die Erdatmosphäre gelangten radioaktiven Stoffe kontaminierten infolge radioaktiven Niederschlags hauptsächlich die Region nordöstlich von Tschernobyl sowie viele Länder in Europa. Rund 600.000 Menschen wurden einer starken Strahlenbelastung ausgesetzt, von den Helfern sind nach Informationen der WHO heute 125.000 schwer erkrankt. Mindestens 10.000 Menschen starben an den Folgen der Katastrophe. Über die weltweiten gesundheitlichen Langzeitfolgen gibt es seit Jahren Kontroversen.

1. Betrachte die Bilder zur Katastrophe von Tschernobyl und beschreibe deinen Eindruck. Informiere dich zu den Hintergründen des Vorfalls.

----

2. Lies die Gedichte von E. Fried, G. Kunert und A. Kunze (S. 47) und ordne zu, ob sie sich (A) direkt mit der Katastrophe, (B) mit den Spätfolgen oder (C) mit weiterführenden Gedanken, ausgelöst durch die Katastrophe, beschäftigen. Trage den entsprechenden Buchstaben in das Kästchen neben dem Gedicht ein.

3. 📖 Beantworte schriftlich die beiden Fragen, die das Gedicht von E. Fried (S. 47) aufwirft. Arbeite im Heft.

Erich Fried:
Fragen nach Tschernobyl

Wenn so viel geschehen musste
damit die Angst
der Menschen
sich selbst erkennt

5 wieviel müsste geschehen
damit auch der Widerstand
der Menschen
so groß wird und allgemein
wie jetzt ihre Angst?
10 Aber wenn soviel geschähe
wären dann nachher
noch Menschen da
um Widerstand zu leisten?

Günter Kunert: Augenaufschlag
(Nach Tschernobyl)

Bang folgt der Blick
den Wolken Wohin sind
ihre traumgekannten Gesichter
Utopische Ungetüme Schwebende
5 Leiber still sich verwandelnd
Hoch dir zu Häupten und doch
deine Abbilder
Betrogen um ihre Göttlichkeit
weil nun anders als vordem
10 der Wind weht
Was er vor sich hertreibt
über die unseligen Plätze
deiner mühevollen Anwesenheit
entblößt dich bald
15 bis auf die Knochen

Saurier unermesslich
menschenleerer Künftigkeit

Akela Kunze: GAU-Jahrestage

Ach die Erinnerung
wird mit der Zeit
halb wert

Bleischwere Tatsachen
5 sinken im Körper
tiefer

Etwas entsteht jedoch
plötzlich
bereit

Alliteration/Personifikation

Alliteration

Aliteration/Enjambement

4. Vergleiche die drei Gedichte unter folgenden Aspekten:
Grundstimmung, lyrischer Sprecher und seine Situation, Aufbau.
Halte deine Ergebnisse in einer Tabelle fest. Arbeite im Heft.

5. Stelle den Aspekt der sprachlichen Gestaltung und deren Wirkung in den Vordergrund und
vergleiche dahingehend das Gedicht von A. Kunze mit dem von G. Kunert.
- Markiere dazu erst auffällige sprachliche Mittel im Text und notiere am Rand die Fachbegriffe.
- Orientiere dich an dem Beispiel im Gedicht von G. Kunert.
- Erfasse und vergleiche die Wirkung der sprachlichen Gestaltung in beiden Gedichten.
  Arbeite im Heft.

 **Training interaktiv**
Gedichte
rk2qf4

● Das kannst du jetzt! ☆

1. Lies die beiden Gedichte von B. Brecht und E. Fried (S. 49). Formuliere zu jedem Gedicht deinen ersten Eindruck und fasse die Inhalte zusammen. Arbeite im Heft.

Achtung:
alte Rechtschreibung

Bertolt Brecht:
Fragen eines lesenden Arbeiters (1935)

Wer baute das siebentorige Theben?
In den Büchern stehen die Namen von Königen.
Haben die Könige die Felsbrocken herbeigeschleppt?
Und das mehrmals zerstörte Babylon
5 Wer baute es so viele Male auf? In welchen Häusern
Des goldstrahlenden Lima wohnten die Bauleute?
Wohin gingen an dem Abend, wo die chinesische Mauer fertig war
Die Maurer? Das große Rom
Ist voll von Triumphbögen. Wer errichtete sie? Über wen
10 Triumphierten die Cäsaren? Hatte das vielbesungene Byzanz
Nur Paläste für seine Bewohner? Selbst in dem sagenhaften Atlantis

Brüllten in der Nacht, wo das Meer es verschlang
Die Ersaufenden nach ihren Sklaven.

15 Der junge Alexander eroberte Indien.
Er allein?
Cäsar schlug die Gallier.
Hatte er nicht wenigstens einen Koch bei sich?
Philipp von Spanien weinte, als seine Flotte
20 Untergegangen war. Weinte sonst niemand?
Friedrich der Zweite siegte im Siebenjährigen Krieg. Wer
Siegte außer ihm?

Jede Seite ein Sieg.
Wer kochte den Siegesschmaus?
25 Alle zehn Jahre ein großer Mann.
Wer bezahlte die Spesen?

So viele Berichte
So viele Fragen.

2. Erläutere, wodurch sich die Sprache des Arbeiters und die der Berichte in dem Gedicht von B. Brecht auszeichnet. Arbeite mit Textbelegen.

3. Überlege, warum in B. Brechts Gedicht (S. 48) ausgerechnet ein Arbeiter viel liest und diese Fragen stellt. Formuliere kurze Sätze.

_____

_____

_____

_____

4. Bleiben am Ende des Gedichts von B. Brecht (S. 48) viele Fragen offen? Begründe deine Meinung.

_____

_____

_____

_____

_____

_____

_____

_____

**Erich Fried:
Kleine Frage (1981)**

Glaubst du
du bist noch
zu klein
um große
5 Fragen zu stellen?

Dann kriegen
die Großen
dich klein
noch bevor du
10 groß genug bist

5. Setze die beiden Gedichte von B. Brecht (S. 48) und E. Fried in Beziehung zueinander. Überlege, ob es einen thematischen Zusammenhang gibt, und erläutere ihn. Arbeite im Heft.

6. Vergleiche beide Gedichte unter folgenden Aspekten:
– Motiv der Frage
– lyrischer Sprecher und seine Situation
– Thema und Aktualität
Fasse wesentliche Ergebnisse deines Vergleichs in einem Fazit zusammen. Arbeite im Heft.

EXTRA: Üben

Johannes Kühn: Schuttabladeplatz (1989)

Dahin und dahin
spritzten die Ratten in Löcher,
als ich kam zum Friedhof der Dinge.
Hier stopft der Wind
5 seine Taschen voll mit vielen Gerüchen,
streut sie, spottend und hinterlistig
weit in die Gegend.
Von verbrannten Matratzen Gerüche,
verkommenem Öl in Büchsen,
10 verdorbenem Kohl,
ich weiß nicht,
wie toll gemischt.
Ich trat auf verrostete Trillerpfeife.
Aus. Daraus kommt kein Pfiff mehr.
15 Wohin sind die Lippen
gekommen, die sie gebrauchten?
Hängt eine neue Trillerpfeife
dem Schiedsrichter sonntags im Mund,
wenn es einst seine war?
20 Briefmarken in großen und kleinen
Weltländern geprägt, und hier
werden sie blass gewaschen
vom Regen.

Es starb ein Sammler, zieh ich den Schluss.
25 Keiner wollte die Erbschaft
des Junggesellen.
Was wird man räumen
aus meinem Zimmer
und hierhin streun, wenn ich die Augen
30 zumach,
Blätter voll von Gedichten,
die keiner las und liest?
Wird dann ein Rabe auch so sitzen
auf der durchlöcherten Tonne
35 und leerschrein den Hals?

1. Lies das Gedicht von J. Kühn. Bringe die durcheinandergeratenen Inhalte in die richtige Reihenfolge, indem du sie nummerierst.

_____ Nachdenken über den Tod eines Menschen – wie er lebte, was er hinterlässt

_____ Nachdenken über die Vergänglichkeit

_____ Nachdenken über den vergänglichen Wert eines Gegenstandes

_____ Fragen zur eigenen Hinterlassenschaft

_____ Beobachtungen des lyrischen Sprechers – lebendige Natur auf dem „Friedhof der Dinge" (V. 3)

Lösungen Arbeitsheft deutsch.kompetent 9

Sich und andere informieren
Materialien auswählen, auswerten und präsentieren

Seite 4

1. Das Balkendiagramm zeigt Daten aus dem Jahr 2012 und vergleicht die Reichweite der bekannten Energiereserven und -ressourcen bei gegenwärtiger Förderung. Es setzt die Rohstoffe Stein- und Braunkohle, Erdgas und Erdöl sowie Uran (*y*-Achse) ins Verhältnis zu den Jahren (*x*-Achse,) in denen voraussichtlich Reserven und Ressourcen zur Verfügung stehen. Es zeigt sich, dass nur Kohle in ferner Zukunft noch als Energiequelle dienen könnte. Ihre Reserven liegen bei ca. 130 Jahren (Steinkohle) und bei ca. 320 Jahren (Braunkohle). Die Kohle verfügt über die meisten Ressourcen mit ca. 4000 – 2000 Jahren. Die anderen Rohstoffe brauchen in naher Zukunft ihre Reserven auf: Erdgas in ca. 80 Jahren, Erdöl in ca. 60 Jahren und Uran in ca. 38 Jahren.
Auch ihre Ressourcen sind geringer als die der Kohle. So könnte Uran ca. 220 Jahre gefolgt von Erdgas mit ca. 210 Jahren noch genutzt werden. Die Erdölvorkommen haben die geringsten Ressourcen, die noch ca. 140 Jahre genutzt werden können.

2. abhängig von Schülerbeiträgen

Seite 6

3. abhängig von Schülerbeiträgen

4. **Mögliche Gliederung zum Thema „Alternativen zu fossilen Energiequellen":**
   – Ursachen der Nutzung Erneuerbarer Energien
   – Begriffsdefinition: Erneuerbare Energien
   – Formen Erneuerbarer Energieträger
   – Vor- und Nachteile verschiedener Energiequellen
   – Politische Rahmenbedingungen in Deutschland
   – Verbraucherverhalten

5. Die rechte Folie ist besser verständlich als die linke Folie, da sie nur wesentliche Informationen aufgreift und diese übersichtlicher gestaltet. Die Grafik ergänzt die formulierten Informationen sinnvoll und stellt inhaltliche Zusammenhänge her.

6. abhängig von Schülerbeiträgen

7. abhängig von Schülerbeiträgen

8. **Thema:** Installierte Fotovoltaikleistungen von sechs Ländern zwischen 2008 und 2013;
   Diagrammart: gestapeltes Säulendiagramm/Stapeldiagramm;

Aufbau: *x*-Achse – Jahre von 1992 – 2013, darauf Länder im anteiligen Säulenstapel, *y*-Achse – installierte Fotovoltaikleistung von 0 bis 140 Gigawatt;
Auffälligkeiten: Während sich die installierten Fotovoltaikleistungen im ersten Jahrzehnt (1992 – 2002) in den sechs Beispielländern nur gering entwickelten, sind sie vor allem seit 2008 stetig gestiegen, wobei Deutschland den höchsten Entwicklungsstand aufweist. Offen bleibt, warum Deutschland zwischen 2012 und 2013 scheinbar stagniert und warum südliche Länder zurückbleiben, trotz hoher Sonnenscheindauer.;
Worterklärungen: Fotovoltaik – die direkte Umwandlung von Lichtenergie, meist aus Sonnenlicht, in elektrische Energie mittels Solarzellen, GW – Gigawatt sind das Milliardenfache der Einheit Watt, 1 GWh entspricht somit 1 Milliarde Wattstunden.

Seite 7

9. a) Anfänge von 1992 – 1999 gering, von 2000 bis 2007 stetiges Wachstum, ab 2008 sprunghafte Steigerung; b) Deutschland Platz 1, China seit 2012 sprunghaft gestiegen, Italien fast gleichbleibender Stand seit 2011, Japan + USA sichtbare Zunahme 2013, kaum spürbare Entwicklung in Spanien; c) Entwicklung in Deutschland kontinuierlich, seit 2010 kaum nennenswerter Anstieg im Vergleich zu China, wo im selben Zeitraum eine sprunghafte Entwicklung zu verzeichnen ist.

10.

Land	2008 Werte in MW	Rang	2013 Werte in MW	Rang	Steigerung als Vielfaches (ca.)
China	140	6	18300	2	131-fache
Deutschland	6160	1	35700	1	6-fache
Italien	*458*	*5*	*17450*	*3*	*38-fache*
Japan	2144	3	13900	4	7-fache
Spanien	3463	2	5150	6	2-fache
USA	1169	4	12020	5	10-fache

11.

Stapeldiagramm	Tabelle
erfasst auch Daten der Länder von 1992 – 2007	bietet Daten im Zeitraum 2008 – 2013
seit 2008 stetiger Anstieg, wobei Deutschland den höchsten Entwicklungsstand aufweist	Deutschland auf dem ersten Rang, obwohl im Vergleich zu China, Italien, USA von 2008 bis 2013 nur 6-fache Steigerung ähnlich Japan, d. h., Deutschland stand bei den installierten Leistungen bereits lange mit Abstand vorn.
China seit 2012 sprunghaft gestiegen	China 2013 vom letzten Platz auf den 2. Rang mit einer Steigerung um das 131-fache
Italien fast gleichbleibender Stand seit 2011	Steigerung 2010 zu 2011 um 9 301 MW, von 2011 zu 2012 um 3 447 MW und von 2012 zu 2013 noch um 1 200 MW
Japan + USA sichtbare Zunahme 2013	Japan mit 7-facher Steigerung; die USA mit 10-facher Steigerung
kaum spürbare Entwicklung in Spanien	Spanien rutscht vom zweiten auf den letzten Platz.
Stellung Deutschlands in den Jahre 2012/13: scheinbarer Stillstand in der Entwicklung	Nahm die installierte Fotovoltaikleistung in den Jahren zuvor stetig zu, ist zum ersten Mal 2013 kaum eine Entwicklung zu verzeichnen.

Beide Statistiken bieten eine gute Übersicht über das Thema. Im Stapeldiagramm kann man sich gut einen ersten Eindruck von Entwicklungstendenzen verschaffen. Ersichtlich werden vor allem große Entwicklungsvorgänge. Durch die einzelnen Säulen lassen sich die Vorgänge auf den ersten Blick vergleichen. Jedoch sind genauere Zahlenwerte schwer ablesbar. Die Tabelle zum Thema lässt detailliertere Aussagen zu, da den Ländern konkrete Zahlenwerte zugeordnet sind. So lässt sich die Entwicklung (Steigerungen oder Stagnationen) genauer ablesen bzw. errechnen.

Sachtexte schriftlich analysieren
Seite 9

2. Gedanklicher Aufbau: Einleitung – Problembeschreibung (Reaktion auf Verbot der Glühbirne); Hauptteil – 1. Ursache für Einführung der Energiesparlampe (Autoritätsargument), 2. Kritik der Verbraucher an dieser Einführung durch die EU; Schluss – Autorenposition zum Problem (Befürwortung und Appell an Kritiker); **Kernaussage:** Der positive Effekt der Energiesparlampe für den Schutz der Umwelt wiegt schwerer als persönliche Empfindungen und Gewohnheiten der Verbraucher.; **Absicht und Zielgruppe:** den Leser (erwachsener Verbraucher allgemein) anregen, Vorurteile und alte Gewohnheiten bei der Einführung der Energiesparlampe zu reflektieren

3. Der Autor stellt Fakten (Pro-Argumente) den Befindlichkeiten der Verbraucher (Kontra-Argumente) gegenüber.; **Pro-Argumente:** Glühlampen verschwenden Strom.; Energiesparlampen sind sparsamere Lichtquellen.; Sie verbrauchen nur ein Fünftel des Stroms, den die Glühbirne verbraucht.; Würden alle Deutschen ihre Glühbirnen austauschen, könnte man so viel Energie einsparen, dass ein Kohlekraftwerk überflüssig wäre. **Kontra-Argumente:** Viele Menschen hängen an der Glühbirne.; Die Sparflammen strahlen zu kalt, kein Vergleich zur alten Glühbirne.; Energiesparlampen strahlen eher bläulich, das wirkt ungemütlich.; Manche behaupten, das neue Licht mache die Menschen missmutig. **Meinung des Autors:** z. B. Der Autor stellt in dem Artikel persönliches Empfinden aussagekräftigen wissenschaftlichen Untersuchungen zum Nutzen der Energiesparlampen gegenüber. Er befürwortet die Einführung der Energiesparlampen, weil er nicht nur über Umweltschutz reden möchte, sondern auch bereit ist, liebgewonnene Gewohnheiten für einen stromsparenden Effekt der neuen Lampen aufzugeben.

4. Ironie: z. B. „Reine Vorsichtsmaßnahme" (Z. 5) – Funktion: kritische Distanz; **Hyperbel:** z. B. „stürmen" (Z. 1), „300 Stück" (Z. 4) – Funktion: Übertreibung zieht Verbraucherverhalten ins Lächerliche; **Ellipse:** z. B. „Deutschland im Sommer 2009" (Z. 1), „Reine Vorsichtsmaßnahme" (Z. 5) – Funktion: Betonung der Aussage; **Aufwertung:** z. B. „sparsamere Lichtquellen" (Z. 15) – Funktion: die gute Eigenschaft in den Vordergrund stellen; **Abwertung:** z. B. „verpufft als Wärme" (Z. 13), „Glühbirnengerede" (Z. 27) – Funktion: etwas besonders negativ darstellen

5. abhängig von Schülerbeiträgen

Das kannst du jetzt!
Seite 10

1. Gedankliche Gliederung: Reaktion Nordamerikas auf die Situation des Weltmarktes in der Öl- und Gasförderung – Kanadische Ölförderung im Tagebau aus Ölsanden – Alternative Förderung in den USA durch Fracking – Reaktion von Umweltschützern – Autorenposition

2. Kernaussage: Da die Ölreserven versiegen und seit 1990 die Preise ansteigen, werden auf dem amerikanischen Kontinent neue Technologien entwickelt und genutzt, wie Fracking und Ölförderung aus Ölsand. Dabei nimmt man schwerwiegende Eingriffe in die Natur in Kauf.; **Absicht:** den Leser informieren und aufklären und eine kritische Sicht auf diese nur kurzzeitig ergiebigen Formen der Ölförderung ermöglichen, die die gravierenden Eingriffe in die Natur nicht rechtfertigen; **Sprachliche Mittel zur Unterstützung der Autorenmeinung:** Autor verdeutlicht seine kritische Haltung zur nicht konventionellen Öl- und Gasförderung in Kanada und den USA durch eine bildhafte Sprache, z. B. kontrastierende Verben, wie „schlummern" (Z. 8) und „ausgebrochen" (Z. 5); Zusammensetzungen, wie „Öl- und Gasfieber"; abwertende

Adjektive, wie „unkalkulierbare Risiken" (Z. 43 f.), „stark belastete Abwässer" (Z. 12 f.), „verwüstete Landschaft" (Z. 13) und den Superlativ „dreckigsten Spuren" (Z. 14); abstrakten Zahlen stehen konkrete Vergleiche gegenüber, wie „149 000 Quadratkilometern" – „Fläche Englands" (Z. 10 f.); Zitate von Umweltschützern, um kritische Sicht zu autorisieren (vgl. Z. 42 ff.)

3. z. B. Das Kreisdiagramm zeigt die Anteile der Erdölreserven in den Erdöl fördernden Regionen.
Die Abbildung zeigt, dass die Vorräte erschließbarer Vorkommen in Nordamerika, China und Europa zur Neige gehen. Nur in wenigen Förderländern in Afrika und vor allem im Nahen Osten (Irak, Iran, Kuwait, Saudi-Arabien, Vereinigte Arabische Emirate) sowie in Venezuela stehen noch große Mengen Erdöl für die Förderung zur Verfügung. Dies erklärt, dass, um Abhängigkeiten zu vermeiden, vor allem auf dem amerikanischen Kontinent alternative Förderverfahren für nicht konventionelle Ölvorkommen ihr Anwendung finden.

4. abhängig von Schülerbeiträgen; Wichtig ist ein sachlicher Stil.

Extra: Üben

Seite 12

1. **Textsorte:** appellierender Text; **gedankliche Gliederung:** erster Absatz – These, zweiter Absatz – Argument, dritter Absatz – Schlussfolgerung (Zusammenfassung der Argumente) und Appell; **Absicht:** Werbung für Berufe im Bereich Erneuerbare Energien

2. *Es gebe mehrere gute Gründe, wieso* man eine Karriere im Bereich der Erneuerbaren Energien in Betracht ziehen sollte. So sei die Nachfrage nach Fachkräften in diesem Bereich sehr hoch und werde in Zukunft weiter steigen. So könne man damit rechnen, dass man mit einer guten Ausbildung in diesem Bereich auch einen guten Job finden werde, der sowohl interessant sei, als auch gut bezahlt werde. Zudem könne man etwas für die Energiewende tun und gewährleisten, dass die Zukunft grüner werde.

3. z. B. rhetorische Frage „Wieso sollten Sie eine Karriere in diesem Bereich einschlagen?" (Z. 3) – erregt Aufmerksamkeit und weckt Interesse; direkte Leseransprache mit dem Pronomen „Sie" (Z. 3 ff.) – unterstützt werbende Absicht; viele Satzgefüge ermöglichen eine kompakte und argumentierende Zusammenfassung der nötigen Informationen; Aufwertungen „gebraucht" (Z. 1), „Karriere" (Z. 3), „hohe, steigende Nachfrage" (vgl. Z. 5 f.), „gut bezahlt" (Z. 7), … – stimmen den Leser positiv; Personifikation „die Zukunft wird grün" (vgl. Z. 8) – stellt das Ziel anschaulich dar

Seite 13

4. z. B. Das Liniendiagramm zeigt die Entwicklung der Arbeitsplätze im Bereich Erneuerbarer Energien in Deutschland. Grundlage dieser Darstellung sind statistische und prognostische Erhebungen. Auf der y-Achse ist die Zahl der Arbeitsplätze und auf der x-Achse die Jahresangabe ablesbar. Von 1998 bis 2011 ist ein kontinuierlicher Anstieg der Beschäftigungszahlen zu beobachten. In diesem Zeitraum erfolgt ein sechsfacher Zuwachs an Arbeitsplätzen. Besonders hervorzuhebende Daten sind die steilen Anstiege 2005 – 2006 und 2007 – 2008. Die Daten stammen von 2012 und laut Prognose sollen in den darauffolgenden neun Jahren kontinuierlich weitere Arbeitsplätze geschaffen werden. Offen bleiben die Fragen nach den Ursachen für die auffälligen Anstiege und nach einer differenzierten Betrachtung der Arbeitsplatzsituation in einzelnen Berufszweigen der Erneuerbaren Energien.

5. *Im Zeitraum von 2004 bis 2012 ist in den drei Branchen Windenergie, Biomasse und Solarenergie zu verzeichnen, dass* die Zahl der Arbeitsplätze kontinuierlich steigt. Im Bereich der Windenergie zeigt sich 2013 die größte Steigerung. 2007 erreicht der Zweig Biomasse einen sprunghaften Zuwachs, der aber 2013 wieder zurückgeht. Auch die Solarindustrie kann die 2012 verzeichnete sprunghafte Steigerung nicht halten. Die Anzahl der Arbeitsplätze sinkt hier 2013 fast um die Hälfte im Vergleich zum Vorjahr. Es stellt sich die Frage nach den Gründen für diesen massiven Rückgang im Bereich Solarenergie.

Ein Thema erörtern

Ein Thema antithetisch erörtern

Seite 15

1. abhängig von Schülerbeiträgen

2. abhängig von Schülerbeiträgen; z. B. „Wir sollten auf Fleisch verzichten." – Tiere müssen leiden, damit wir Fleisch essen können. (Bsp.: In konventionellen Zuchtbetrieben, beispielsweise in Geflügelfarmen, müssen die Hühner auf engstem Raum dahinvegetieren und verletzen sich dabei gegenseitig.); „Wir sollten nicht auf Fleisch verzichten." – Fleisch gehört zu einer ausgewogenen Ernährung und liefert wichtige Nährstoffe. (Bsp.: Mageres Fleisch liefert zum Beispiel Eisen und Zink, was für den menschlichen Körper besonders wichtig ist.)

3. abhängig von Schülerbeiträgen

Seite 16

4. abhängig von Schülerbeiträgen

5. z. B. Abschließend möchte ich meine Position, nicht auf Fleisch verzichten zu wollen, noch einmal unterstreichen. Ich esse Fleisch gern, es ist gesund und schmeckt mir gut. Und wie meiner Argumentation zu entnehmen ist, stehe ich mit dieser Meinung nicht allein da – die meisten Menschen in Deutschland können sich ein Leben ohne Fleisch nicht vorstellen.

6. abhängig von Schülerbeiträgen; Wichtig ist im Hauptteil eine strukturierte Argumentation, bei der Pro- und Kontra-Argumente berücksichtigt werden und die zum stärksten Pro-Argument hinführt.

Materialgestütztes Schreiben eines argumentierenden Textes

Seite 18

1. a) … sie besonders wichtige Kunden sind.; b) … Firmen mit Produkten die Aufmerksamkeit der Kinder erwecken.; c) … kehrt die bisherige Funktionsweise von Marketing um.

2. z.B. Die Eigenschaften der Produkte selbst reichen nicht mehr aus, um den Absatz zu gewährleisten, da der Markt übersättigt ist. So müssen die Marken mit neuen Merkmalen, wie Austausch oder Freundschaft, besetzt werden, um für Kinder interessant zu sein. Damit greift das Kindermarketing in kindliche Bereiche des Spielens ein, sodass am Ende eines Spiels der Kauf eines Produktes steht, was den eigentlichen Zweck des Spielens ad absurdum führt.

3. Das Diagramm von der Verbraucherorganisation foodwatch liefert Daten zu der Frage „Was essen 6- bis 11-jährige Kinder?". Die Daten stammen aus einer Ernährungsstudie des Robert-Koch-Instituts aus dem Jahr 2008. Das Säulendiagramm zeigt für verschiedene Lebensmittelgruppen die Verzehrmengen von Jungen und Mädchen an, wobei 100 % (rote Linie) die empfohlene Verzehrmenge für jede Lebensmittelgruppe darstellen. Die realen durchschnittlichen Verzehrmengen sind ebenfalls in % angegeben. Besonders auffällig ist, dass im Bereich Süßwaren, Knabberartikel, Limonade die reale Verzehrmenge die empfohlene um mehr als das Doppelte übersteigt, bei Jungen noch gravierender als bei Mädchen, wohingegen in den Bereichen Obst, Gemüse und kohlenhydratreiche Lebensmittel die reale Verzehrmenge die empfohlene um ca. die Hälfte unterschreitet. Bei Milchprodukten und Getreide nähern sich die realen Werte den empfohlenen Werten an, bei Fleisch jedoch liegt der tatsächliche Verzehr wiederum weit über dem empfohlenen. Aus der Darstellung wird deutlich, dass die Kinder viel zu viel von den als ungesund geltenden Lebensmitteln zu sich nehmen, von den gesunden Lebensmitteln hingegen viel zu wenig. Diese Daten sollten alarmieren, denn die langfristige Gesundheit von Kindern geht zu großen Teilen auf ihre Ernährung zurück.

4. abhängig von Schülerbeiträgen

Das kannst du jetzt!

Seite 19

1. abhängig von Schülerbeiträgen; Wichtig ist, dass die eigene Position deutlich wird und mithilfe der Materialien und auch eigenem Wissen entsprechend begründet wird.

Extra: Üben

Seite 20

1. z.B. *Leichter als weibliche Firmengründerinnen* haben es männliche, denn sie erhalten eher finanzielle Hilfe von Geldgebern. – Wirkung: Die Betonung liegt auf dem Gegensatz von männlichen und weiblichen Firmengründer/innen.; Obwohl es wissenschaftlich keinerlei Hinweise für einen Zusammenhang gibt, interpretieren Menschen voneinander unabhängige Tatsachen als zusammenhängend – das meint man damit. – Wirkung: Der Widerspruch in der Aussage (*obwohl* …) wird hervorgehoben.; Verschiedene Kekse, Chips und Joghurts testeten über 100 Kunden, wobei Bio-Produkte von den Teilnehmern als ballaststoffreicher … hergestellte Waren. – Wirkung: Betonung liegt auf dem „*Was?*" und nicht mehr auf dem „*Wer?*"

2. Matthias Wolfschmidt sagt, es müsse mehr Transparenz herrschen, damit sich die Kunden über die von ihnen gekauften Lebensmittel auch informieren <u>können/könnten</u>.; Matthias Wolfschmidt sagt, dass Supermarktketten nicht am Verkauf der besten Lebensmittel interessiert <u>seien</u>.

Seite 21

3. z.B. 1, 5, 2, 3, 4

4. z.B. Vor Anbau einer gentechnisch veränderten Pflanze werden durch die Europäische Lebensmittelsicherheitsbehörde (EFSA) besondere Zulassungsverfahren durchgeführt, sodass die Sicherheit solcher Nahrungsmittelpflanzen gewährleistet wird. Jedoch ist dagegen einzuwenden, dass es bisher keine Langzeitstudien zu den Auswirkungen gentechnisch veränderter Nahrungsmittel gibt und somit über eventuelle Folgen noch Unklarheit herrscht.

Zu literarischen Texten schreiben
Mit einem Text produktiv umgehen – Gedanken und Gefühle einer Figur wiedergeben

Seite 24

1. z.B. Nachdem Gottlieb Biedermann aus der Zeitung von einer erneuten Brandstiftung erfahren hat, bei der sich ein Hausierer in einem fremden Haus eingenistet hat, und er über die Brandstifter wettert, konfrontiert ihn sein Dienstmädchen Anna damit, dass ein Hausierer, der sich offenbar nicht abwimmeln lässt, ihn sprechen möchte. Obwohl Biedermann niemanden hereinlassen möchte, steht plötzlich Schmitz, der Fremde, ein Athlet, tätowiert, in Biedermanns Stube, in die er, ohne zu fragen, eingetreten ist. Biedermann verhält sich zunächst abweisend, doch Schmitz verwickelt ihn in ein Gespräch, in dem er Biedermann Komplimente macht und sich schließlich durch Dreistigkeit etwas zu essen, zu trinken, eine Zigarre und Obdach erschleicht.

2. abhängig von Schülerarbeiten; Deutlich werden sollte, dass Biedermann und Schmitz Gegenspieler sind, Anna könnte am Rand neben Biedermann stehen

3. z. B. **Biedermann:** „Aufhängen sollte man sie" (Z. 8), „ich bin kein Unmensch, Anna, das wissen Sie ganz genau! – aber es kommt mir keiner ins Haus." (Z. 41 ff.), „Sagen Sie mal –„ (Z. 56) usw.; **Schmitz:** „Bin nur gekommen, weils draußen so regnet" (Z. 78), „... aber ich habe gedacht, Herr Biedermann, daß das nicht Ihr Ernst ist" (Z. 99 ff.), „und drum, sehn Sie, ist er dann auch niedergebrannt, der ganze Zirkus!" (Z. 152 f.) usw.

4. z. B. **Biedermann denkt:** Jetzt übertreibt er aber.; **Schmitz denkt:** Gleich habe ich ihn auf meiner Seite.; **Schmitz denkt:** Jetzt habe ich ihn. (Er hat mir einen Platz angeboten.)

5. z. B. „Rauchen Sie? *Er bietet eine Zigarre an.*" (Z. 81); „Ich bin kein Hausierer!" (Z. 67), „Hier ist's wärmer. *Pause* Hoffentlich stör' ich nicht." (Z. 79); „Sie haben noch ein Gewissen, ..." (Z. 147)

6. abhängig von Schülerbeiträgen

7. abhängig von Schülerbeiträgen

Die Interpretation eines Gedichts vorbereiten

Seite 25

1. abhängig von Schülerbeiträgen

2. z. B. **Baum:** etwas, was wächst und sich entwickelt, Bild für die natürliche Entwicklung, nicht aufzuhalten; **Meer:** Naturgewalt, die nur schwer zu begrenzen ist, verteilt sich gleichmäßig; **Blume:** Schönheit der Natur, die kultiviert werden kann, ausgegraben und eingepflanzt; **Feuer:** Naturgewalt, Sinnbild für Energie, Heftigkeit der Zerstörung; **Nixe:** Mischwesen aus Frau und Fisch, noch verführerischer als reine Naturschönheit; **Stern:** Objekt am Himmel, Teil eines Naturschauspiels;
Die Bilder sind dem lyrischen Ich und dem angesprochenen Du zugeordnet: Ich: Baum – Feuer – Nixe ↔ Du: Meer – Blume – Stern; **Liebesauffassung:** Ambivalenz von Sanftheit (in die Hand wachsen), Zartheit (Ausgraben mit allen Wurzeln), Spiel (Sandburgen bauen) mit Besitzergreifen und Gewalt (das Haus in „Asche legen"; „abknallen").

3. Die Deutungshypothese ist mit Blick auf die Erläuterung und Bewertung der Bilder brauchbar:
Die fürsorgliche Einstellung des lyrischen Ichs kann man aus der zweiten Strophe ableiten (die Blume mit allen Wurzeln ausgraben), doch kann dieses Ausgraben ebenso gut als Eingriff in die Natur verstanden werden. – Das besitzergreifende Element findet sich in Strophe 1 (Hineinwachsen in die Hand des Geliebten) und Strophe 3 (auf den Grund hinab saugen), das zerstörerisch-aggressive Element in Strophe 2 (Feuer, das den anderen in Asche legt).

Seite 26

4. **Prädikate im Konjunktiv II:** verdeutlichen, dass es sich um Wunschvorstellungen handelt; **Satzbau:** „Wär ich [...] wärst du" (und umgekehrt): Wunschvorstellungen beziehen sich parallel auf das Ich und Du; **sprachliche Bilder V. 1/2:** zunächst ein Geschenk, dann aber besitzergreifend; **persönliche Anrede:** verstärkt den Adressatenbezug und die Botschaft; **Wechsel von ich – du:** verdeutlicht das Spiel mit verschiedenen Rollenvorstellungen und Rollenzuweisungen; **Höhepunkt:** In „abknallen" verstärkt sich die Ambivalenz zwischen Habenwollen und Zerstörung der Faszination.

5. **Inhalt:** die Botschaft des lyrischen Ichs: Ich wäre gerne ein einnehmendes, ein besitzergreifendes Wesen; **Besonderheiten der Sprache:** Das Ziel, den Geliebten einzunehmen, wird auch durch die sprachlichen Bilder deutlich, in denen das lyrische Ich sich und den Geliebten denkt, insofern das einnehmende und aggressive Inbesitznehmen zum Ausdruck kommt; **Besonderheiten der Form:** anaphorischer Eingang der Doppelverse, Parallelismus, Konjunktivformen, die die Unmöglichkeit des Vorgestellten betonen. – **Deutung (Gehalt, Aussage):** Während die Bilder in Strophe 1 das Naturwüchsige (Baum) und Kindlich-Spielerische (Burgen aus Sand) in den Vordergrund stellen, wechseln die Möglichkeiten der Einnahme des anderen in Strophe 2 von der Sorgfalt des Ausgrabens (Blume) zum Bezwingen mit Naturgewalt (Feuer); schließlich werden in Strophe 3 Bilder gewählt, die auf übermenschliche Fähigkeiten verweisen (Verführungskraft einer Nixe, Sterne vom Himmel holen). Damit wird erst recht die Unmöglichkeit der Realisierung des Verlangens zum Ausdruck gebracht.

6. abhängig von Schülerbeiträgen

Eine Gedichtinterpretation schreiben und überarbeiten

Seite 27

1. abhängig von Schülerbeiträgen

2. Die Liebe wird verdeutlicht als etwas, das ohne Vorankündigung kommt, einfach da ist, nicht einfach weggeschickt werden kann (V. 5/6), wenn es stören sollte – also als etwas, dem man plötzlich ausgesetzt ist, das aber schnell auch wieder weg sein kann, ohne dass man weiß, wohin, da keine Spuren hinterlassen werden (V. 15 – 17).

3. Auffallend ist der implizite Vergleich der Liebe mit einer Katze, worauf schon die Personifikation der Liebe verweist, wenn sie charakterisiert wird als etwas, das in der Sonne auf einer Mauer sitzt und „sich räkelt" (V. 3); auch die folgenden Beschreibungen ihres Auftretens (V. 5–8) lassen sich auf die Liebe beziehen. Passen würde diese Zuschreibung inhaltlich auch auf das Erscheinen der Katze, wäre nicht im Anschluss (V. 9) eine gegen gerichtete Aussage zentral, welche den Unterschied zur Katze betont: „Man sieht selbst die Katze kommen". – Verstärkung der Merkmale der Liebe durch das anaphorische „Niemand" (V. 5/6) und den syntaktischen Parallelismus des Fragens: „Woher kam sie ..." (V. 8), „Wohin ging sie

…" (V. 15); Selbst der Tod, selbst die Träne (V. 16) – Die Kohärenz im ganzen Text lässt sich kurz vor Ende des Gedichts herstellen: „Die Mauer ist leer/wo die Liebe saß/ Wohin ging sie als sie ging?" (V. 12–14) Auch hier ist klar, dass die Stelle sich durchgehend zuerst auf die Liebe bezieht; die Frage, wohin *sie* (das Personalpronomen betonend) gegangen sei, könnte ebenfalls als Scharnierwort verstanden werden, das sich auch auf die Katze beziehen könnte. – **Besonderheiten der Syntax:** Inversionen zur Hervorhebung von Wörtern am Zeilenanfang; Betonung des Unterschieds bzw. Gegensatzes zwischen der Liebe und anderen Wahrnehmungen und Erfahrungen durch dreimalige Wiederholung des „selbst" (V. 9, 16); auffallend ist das „Und" in V. 11, das die Metapher „der dunkelfüßige Traum" zwar syntaktisch reihend mit dem Erscheinen der Katze und eines Gedichts verbindet, aber den Bedeutungszusammenhang offen lässt.

Seite 28

4. Inhaltlich verständlich und treffend ist die Skizze der entscheidenden existenziellen Frage als Einleitung und Angabe des Themas. – Richtig ist die Herausstellung der zentralen Personifikation der Liebe als Lebewesen, das sich in der Sonne räkelt. – Gut ausgeführt ist die Deutung der Verszeilen am Ende des Gedichts. – Die Beobachtungen zu Sprache und Form werden erhellend zur Deutung genutzt (V. 10 ff.).

5. abhängig von Schülerbeiträgen

Das kannst du jetzt!

Seite 29

1. z. B. In dem Gedicht geht es darum, dass das lyrische Ich sich bei Ungerechtigkeiten gegen andere nicht einmischt und als ihm selbst Unrecht widerfährt, es niemanden mehr gibt, der sich dagegen zur Wehr setzen kann.

2. abhängig von Schülerbeiträgen; z. B. *In dem Gedicht „Als sie die Kommunisten holten"* von Martin Niemöller, das mündlich übermittelt wurde, werden Solidarität und Zivilcourage behandelt.

3. z. B. **Grundstimmung:** bedrückend, monoton; **Besonderheiten der Sprache:** sprachlich gleicher Aufbau der Strophen, in den ersten drei Strophen beginnen jeweils die ersten, jeweils die zweiten und jeweils die dritten Verse mit den gleichen Worten („Als", „habe", „ich"), der jeweils letzte Vers von Strophe 1–3 stellt die Begründung für das Vorgehen in den beiden ersten Versen dar, letzte Strophe Ausnahme – bildet den Höhepunkt; **Zusammenhang Inhalt/Form:** sich wiederholende sprachliche Darstellung für sich wiederholende inhaltliche Aspekte, mit jeder Strophe wird eine weitere Menschengruppe erfasst, sodass am Ende für die letzte Strophe, in der das lyrische Ich Hilfe braucht, keiner mehr übrig ist usw.

4. abhängig von Schülerarbeiten

Extra: Üben

Seite 30

1. 1 Exposition, 2 Uraufführung, 3 Ich-Form, 4 Lehrstück, 5 Dialog, 6 Regieanweisung, 7 Deutungshypothese, 8 Szenen, 9 Kulisse, 10 Souffleuse, 11 Requisit; **Lösung:** *Die Hauptfigur eines Theaterstücks nennt man* Protagonist.

2. *Drama,* dramatisieren, *dramatisch*; Dialog, dialogisieren, *dialogisch*; *Analyse,* analysieren, analytisch; Inszenierung, *inszenieren, szenisch*; Skizze, skizzieren, *skizzenhaft*; Perspektive, *perspektivieren,* perspektivisch; *Motiv,* motivieren, *motivisch*; Interpretation, interpretieren, *interpretatorisch*; Monolog, monologisieren, *monologisch*; Produktion, produzieren, *produktiv*; Synthese, *synthetisieren,* synthetisch; *Kritik,* kritisieren, kritisch

Seite 31

3. Parallelismus, Inversion, Metapher, Daktylus, Deutungshypothese, Thema, lyrisches Ich, Alliteration

4. abhängig von Schülerbeiträgen

5. Wilhelm Busch: Sei ein braver Biedermann

Sei ein braver Biedermann,
Fange tüchtig an zu loben!
Und du wirst von uns sodann
Gerne mit emporgehoben.

Wie, du ziehst ein schiefes Maul?
Willst nicht, dass dich andre adeln?
Na, denn sei mir nur nicht faul
Und verlege dich aufs Tadeln.

Gelt, das ist ein Hochgenuss,
Schwebst du so mit Wohlgefallen
Als ein sel'ger Kritikus
Hocherhaben über allen.

Strophenaufbau: drei Strophen mit je vier Versen; **Reimschema:** abab, cdcd, efef – Kreuzreim

Erzählende Texte untersuchen und deuten
Ein Jugendbuch verstehen – die Figurenrede untersuchen

Seite 32

1. abhängig von Schülerbeiträgen

Seite 33

2. abhängig von Schülerbeiträgen; z. B. Zwischen den Figuren Colbert und Simpel herrscht eine humorvolle und heitere Stimmung, weil Colbert sich auf das Spiel mit Simpel einlässt und den ahnungslosen Rater spielt, obwohl er vielleicht gerade nicht die größte Lust dazu verspürt. Das kleinkindliche Spiel und die kindliche Sprache von Simpel lassen zunächst einen Jungen im Kindergartenalter vermuten. Colbert wirkt hingegen vernünftig, erwachsen und liebevoll bestimmt. Überraschend ist die Information am Ende des Textauszugs, dass Simpel bereits 22 Jahre alt ist und somit älter als Colbert.

Seite 34

3. Vater: will Verantwortung für Simpel nicht übernehmen, bringt ihn in einer Klinik für geistig behinderte Menschen unter, traut Colbert nicht zu, dass er es schafft, für Simpel zu sorgen. Während des Telefonats lassen sich Sorgen und Zweifel des Vaters aus Colberts Antworten erschließen. – Dessen Meinung zu Colberts Entscheidung gibt der Erzähler als indirekte Rede ohne Kommentar wieder. Die Figurensprache ist negativ. Er möchte ein unbeschwertes Leben führen und empfindet seinen behinderten Sohn als „große Belastung" (Z. 28 f.), der einem „das Leben unerträglich erschweren" (Z. 29) würde.; **Simpel:** 22 Jahre alt, zeigt auf Grund seiner Behinderung das Verhalten eines Kleinkindes, mag die Tante nicht, vertraut Colbert, Simpel ist ein Schelm. – Dieses Bild erhält der Leser vor allem durch die szenische Darstellung (direkte Rede) am Anfang und durch die Sprache und das Verhalten von Simpel.; **Colbert:** 17 Jahre alt, hat, obwohl er jünger als sein Bruder ist und noch die Schule besucht, die Verantwortung für ihn übernommen. Und das scheinbar gegen den Willen des Vaters. Er geht unkompliziert mit seinem Bruder um und will für ihn das Beste. Er traut Simpel mehr zu als der Vater. – Die szenischen Darstellungen (direkte Rede) und auch der innere Monolog als erlebte Rede – „Es galt, das Vergnügen in die Länge zu ziehen." (Z. 8) – unterstreichen den ersten Eindruck von einem selbstbewussten, liebevollen Bruder.

4. Durch die Darstellung von Simpels Rollenspiel mit dem „kleinen schwarz-weißen Cowboy" (Z. 1) lässt der Erzähler den Leser ahnen, was Simpel in Malicroix erlebt haben könnte. Simpel spricht mit der Spielfigur wie mit einem Menschen. Der kleine Cowboy übernimmt Simpels Rolle und erleidet, was er gehört und erlebt hat. Simpel übernimmt im Spiel verschiedene Rollen: er nutzt Worte seines Vater, er gibt Handlungsweisen des Anstaltspersonals wieder, wie er sie empfunden hat. Als er den Cowboy ausschimpft, wird deutlich, dass ihm Ablehnung und Ausgrenzung – auch durch seinen Vater – durchaus bewusst sind, ihn verängstigen und aufbringen. Keiner will ihn, keiner ist traurig, wenn er weg ist. Er findet in seinem besten Freund, dem Stofftier Hasehase, einen Rächer, der das zerstört, wovor er die größte Angst hat: Malicroix, die Anstalt.

5. a) innerer Monolog als erlebte Rede – Colberts Gedanken gewähren dem Leser Einblick in seine tiefe Zuneigung zu seinem Bruder. Er kann sich einfühlen und weiß, dass das Stofftier für Simpel die wichtigste „Bezugsperson" ist.; b) indirekte Rede – Der Erzähler teilt Colberts Gedanken mit. So erfährt der Leser von Colberts Verdruss, noch keine Freundin zu haben, nur mittelbar/indirekt. Das schafft eine gewisse Distanz.; c) direkte Rede – Der Leser erlebt unmittelbar aus dem Gespräch die Anspannung der Figuren in dieser Situation.; d) innerer Monolog in direkter Rede – Zwar teilt der Erzähler mit, wodurch Colbert „verrückt vor Freude" ist. Trotzdem wirken seine Gedanken „Ich flirte, ich flirte." sehr unmittelbar und lassen den Leser an seiner Begeisterung teilhaben.

Seite 35

6. Der „Dialog" (direkte Rede) zwischen Simpel und Monsieur Hasehase erfolgt zwar in Rede und Gegenrede, wird aber nur von Simpel gesprochen. Die Redeanteile von Monsieur Hasehase denkt sich Simpel aus. Damit geben sie zusammen mit seinen eigenen Redeanteilen Einblicke in sein Denken und Fühlen. Der Hase ist sein Alter Ego, sein anderes Ich, sein vertrauter Freund, der auch Dinge tut, die Simpel nicht wagen würde. Und er lässt ihn sein Verhalten auch kritisch hinterfragen mit dem leichten Vorwurf „Und du lässt mich nie mehr in dieser Höhle?" (Z. 13). Ein Verlust des Stofftiers wäre eine Katastrophe für Simpel, es ist sein engster Vertrauter, der ihm Sicherheit gibt. Der Erzähler, der die innere Welt seiner Figur kennt, teilt außerdem in Erzählpassagen ihre Gedanken und Gefühle mit: „Monsieur Hasehase war wirklich mutig."(Z. 10), „Sie hatten beide Angst gehabt."(Z. 13 f.)

Ein Jugendbuch verstehen – die Erzählhaltung und Darstellungsweise untersuchen

Seite 36

1. Z. 2–4: Das Geschehen wird aus der Sicht des Er-Erzählers als Beobachter erzählt, er beschreibt sachlich in knapper Reihung das Verhalten der Figuren und den vorbereiteten Kaffeetisch. Dadurch erhält der Leser eine genaue Vorstellung von der Situation.; Z. 9: Der Erzähler teilt mit, dass alle zu Simpel blicken. Dadurch wird Simpels Verhalten aus der Perspektive der WG-Bewohner beschrieben, die ihn als schüchtern wahrnehmen.

Seite 37

2. abhängig von Schülerbeiträgen; z.B. **Aria:** einzige Frau in der WG, Freundin von Emmanuel, öffnet die Tür und begrüßt die Gäste; **Emmanuel:** liest, eröffnet und führt als Ältester das Gespräch, interessiert sich für Simpel unter medizinischen Gesichtspunkten; **Corentin:** Bruder von Aria, raucht, hält sich zurück; **Enzo:** unglücklich in Aria verliebt, gelassen, neugierig, in Erwartung, angespanntes Verhältnis zu Emmanuel, geht auf Simpel ein

3. Colbert ist unsicher, weil er nicht weiß, wie sie in der WG aufgenommen werden. Er informiert stotternd und sich korrigierend. Beim Erwähnen von Simpels Behinderung will er das Wort „deb…"(-il) (Z. 10) nicht aussprechen, vielleicht wirkt es ihm zu derb. Da diese Information für die Mitbewohner unerwartet kommt, tritt eine Stille ein, die Colbert „den Boden unter den Füßen verlieren lässt." (vgl. Z. 11) Durch diese Redewendung kommentiert der Erzähler Colberts Befinden. Das Verb „murmelte" (Z. 12), wie auch das stockende Sprechen und Wiederholen „[…] das … das ist ein Problem für euch" (Z. 12) zeigen Colberts Unsicherheit anhand seiner Sprache, während er entmutigt die erwartete Ablehnung vorwegnehmen will.

4. Der Erzähler benennt ohne Wertung ein Vorurteil, das **Emmanuel** äußert. Dieser sieht in Simpel nicht den jungen Mann, sondern einen medizinischen Fall. Das schafft beim

Leser eine kritische Distanz zu ihm, denn sein Verhalten erinnert an Vorgänge in der Klinik Malicroix. In dem Textauszug dominiert er das Gespräch. Die Bewertung seiner Ansicht erfolgt über die Figur **Enzo**. Der weist ihn ironisch zurück: „Emmanuel, sei so lieb", […] „aber warte mit deinem Autopsiebericht bitte, bis er tot ist." (Z. 15 f.). Enzo überschreitet eine Grenze der Vertraulichkeit bei **Simpel** mit seiner Frage „Ist Monsieur Hasehase zufrieden, dass er hier ist?" (Z. 16) Simpel erlaubt Enzo nicht, in seine kindliche Welt einzutreten, denn er ist ein Fremder. Deshalb hält er ihm die reale Welt entgegen: „Das ist ein Stofftier." (Z. 17) Damit macht Simpel deutlich, dass man ihn durchaus ernstnehmen sollte. Er zeigt, dass er selbst Grenzen ziehen kann.

5. abhängig von Schülerbeiträgen; z.B. Die Party hat zehn Minuten lang einen heimlichen Beobachter. Der Erzähler beschreibt im ersten Absatz, wie Simpel das Fest wahrnimmt: ein „ganz außerordentliche[s] Fest", bei dem „[a]ber die Hauptperson" vergessen wurde (vgl. Z. 4). Erheiternd wirken die Verkleidung Simpels und sein unerwarteter, lockerer Auftritt: „He! Der Märchenprinz ist da!" […] „Wer ist die Prinzessin hier?" (Z. 4 f., 9) Da die Gäste Simpel nicht kennen und der Auftritt eines erwachsenen jungen Mannes in diesem Aufzug auf der Suche nach seiner Prinzessin verstörend wirkt, ist die ausgelassene Stimmung unterbrochen. Durch den Kontrast und das Unerwartete hat die Szenerie etwas Komisches, Humorvolles. Colbert, den Simpel gerade bei „seinen Verführungsmanövern" (Z. 6 f.) stört, ist erst einmal sprachlos. Er hatte sein Versprechen, Simpel Kuchen zu bringen, ganz vergessen. Er entschuldigt sich bei seinem Bruder und erklärt kurz dessen Verhalten, in der Hoffnung auf Verständnis. Allerdings stellt er ihn vor den anderen bloß („Ein I-di-ot." (Z. 14), um sich selbst von ihm abzugrenzen. Enzo rettet die befremdliche Situation, indem er seine Sympathie für Simpel offen ausspricht, auf dessen Spiel eingeht und sich um ihn kümmert, ohne eine große Sache daraus zu machen. So haben auch die anderen die Möglichkeit, wieder zur Feier zurückzukehren.

Seite 38

6. Die Handlung entwickelt sich vor allem durch kurze beschreibende und berichtende Darstellungen einzelner Situationen. So erhält der Leser aus der Distanz eine genaue Vorstellung vom Geschehen und hat vor allem den Partybesuchern gegenüber den Wissensvorsprung von Simpels Anwesenheit. Das belustigt und macht neugierig. Alle sind zunächst sprachlos wegen des Unerwarteten. Colbert und Enzo reagieren in unterschiedlicher Weise auf Simpels Anwesenheit. Die zurückhaltend eingesetzte Figurenrede charakterisiert diese beiden Figuren in ihrem Verhalten zu Simpel. Dem Leser ermöglicht die beschreibende Darstellung, die Rolle des distanzierten Beobachters einzunehmen.

7. a) Der Erzähler beschreibt Arias Reaktion auf Simpels Bitte. Vielleicht ist sie überrascht oder hatte noch nie

Kontakt zu Menschen wie Simpel. Schon die direkte Rede zwischen Simpel und Aria weist auf die Unsicherheit im Umgang mit ihm hin. Er stellt eine korrekte Frage. Aria antwortet fast ruppig „Ja, da ….", und spricht dann nicht weiter. Die Art, wie sie den Keks reicht („mit spitzen Fingern") signalisiert Widerwillen, soll Berührung vermeiden. Die Erzählhaltung ist kritisch, distanziert, was durch die Erzählerkommentare „als wäre er ein kleiner Hund" und „gedemütigt" deutlich wird.; b) Enzo verhält sich verständnisvoll und freundschaftlich Simpel, aber auch Colbert gegenüber, indem er die peinliche Situation rettet. Er tut dies ganz selbstverständlich und hebt sich so von den anderen ab. Aria scheint Enzo ein solches Verhalten nicht zugetraut zu haben. Sie hat ihn unterschätzt und das kommentiert Enzo. (Figurenrede: Monolog, direkte Rede) „… dachte: Du kennst mich nicht, Aria." Der Erzähler, der seine Figur besser kennt als sie sich selbst, deutet mit seinem Kommentar: „Was nicht im Geringsten verwunderlich war, da er sich selbst nicht kannte." an, dass Enzo noch auf dem Weg ist, sich selbst zu finden. Die Erzählhaltung ist wohlwollend.

8. a) wertend, vgl. „Spritze verpassen" (rücksichtslos, grob); b) wertend, vgl. „flüsterte", „Ich kümmere mich.", „Er führte Simpel" (unauffällig, taktvoll, behutsam)

Das kannst du jetzt!

Seite 39

1. In dem Textauszug überwiegt die szenische Darstellung. Das Geschehen entwickelt sich über Dialoge. Nur wenige Erzählteile beschreiben das Verhalten der Figuren, z. B. „Aria schlug ihm mit der Faust auf die Schulter." (Z. 2) So erlebt der Leser die Situation, in der sich die Figuren gerade befinden, unmittelbar mit. Er wird zum Beteiligten.

2. z. B. In der WG herrscht eine niedergedrückte Stimmung. Der Leser spürt **Colberts** Angst, sein Unbehagen, Simpel die Wahrheit zu sagen durch Erzählerkommentare zu seinem inneren Befinden („stammeln" „sprachlos", Z. 5, 20). Er wird als hilflos dargestellt, indem er es nicht schafft, Simpel die Wahrheit zu sagen. **Enzo** ist derjenige, der Klartext redet und Simpel schonungslos (vgl. „brutal", Z. 10) die Wahrheit sagt. Damit ist er der Einzige, der sich fair verhält. Er will Simpel schützen, indem er ihn vor falschen Hoffnungen bewahrt. Simpel versteht, dass Enzo gegen die Entscheidung ist, und signalisiert ihm seine Zuneigung „Enzo hauen ist böse" (Z. 12), als **Aria** diesen boxt, um ihn zu unterbrechen. **Simpel** wehrt sich. Der Erzähler zeigt an Simpels Antworten, wie sich Unsicherheit und Angst steigern. Fragt er anfangs noch ungläubig „Ich geh nicht nach Malicroix?" (Z. 4) mit der Hoffnung auf ein Nein von Colbert, so folgt schließlich die klare Ansage: „Monsieur Hasehase will nicht nach Malicroix…" (Z. 15). Er flüchtet sich in sein Spiel mit dem Hasen. So sind sie schon zwei, die nicht wollen. Er sucht Schutz hinter dem Hasen und droht: „Er wirft aus dem Fenster." (Z. 17) **Aria** versucht trotz der aufgeladenen Stimmung sachlich

zu bleiben („Du weißt genau, dass das ein Stofftier ist", Z. 16) und konfrontiert Simpel damit. Corentin beteiligt sich nicht am Gespräch, sondern wird vom Erzähler als still leidend dargestellt („… konnte nicht schlucken. Er hatte noch nie eine so schmerzliche Szene erlebt.", Z. 13 f.). Herzlos und uninteressiert an Simpels Leid wird **Emmanuel** dargestellt, indem er „halblaut" (Z. 18) auf die Suiziddrohung reagiert: „Lass dich nicht beeindrucken. An solchen Orten sind die Fenster immer vergittert." (Z. 18 f.) **Colbert** ist überfordert („sprachlos", Z. 20) wegen Emmanuels Äußerung und seinem schlechten Gewissen.

3. a) direkte Rede: Enzo teilt die Information direkt an Simpel gerichtet hörbar mit. Seine Ehrlichkeit wirkt im ersten Moment vielleicht hart, aber er verhindert so, dass Simpel im Unklaren gelassen wird.; b) indirekte Rede: Hier informiert der Erzähler den Leser darüber, dass Enzo etwas mitteilt, was andere geäußert haben. Das schafft Distanz zum Geschehen und zwischen den Figuren.; c) innerer Monolog, direkte Rede: Enzo reflektiert die Situation stumm. Die Figur bewertet aus ihrer Perspektive. Hält aber Distanz zum Geschehen, da sie sich nur gedanklich äußert.; d) innerer Monolog, erlebte Rede: Der Erzähler gibt im Redestil Enzos seine Gedanken und seine Sicht auf die Ereignisse wieder. Seine Betroffenheit wird so unmittelbar spürbar.

Extra: Üben

Seite 40

1. In dem Textzauszug beobachtet Simpel seinen WG-Mitbewohner Corentin beim Frühstück. Naiv kommentiert Simpel, was er sieht, ohne über mögliche Reaktionen des anderen nachzudenken. Dabei übernimmt er die Rolle eines <u>Narren</u>, der das Recht hat, ungestraft die Wahrheit zu sagen. Das Geschehen wird erlebbar durch den Wechsel von Erzähltem und der <u>direkten</u> Figurenrede. Der Erzähler <u>berichtet</u> im ersten Absatz sehr ausführlich, wie Corentin an diesem Morgen frühstückt. Auffällig dabei ist der Satzbau. Mittels einer <u>Aneinanderreihung</u> gleichförmiger <u>Hauptsätze</u> entsteht der Eindruck monotoner Abläufe, über die Corentin in seiner <u>schlechten</u> Laune gar nicht mehr nachdenkt. Zudem wirkt die knappe <u>Aufzählung</u> der Tätigkeiten hektisch und unruhig. Im zweiten Absatz überwiegt eine <u>szenische</u> Darstellung, durch die der Leser <u>nah</u> an das Geschehen herangeführt wird.

Seite 41

2. Im ersten Abschnitt berichtet der Erzähler von der erneuten Einlieferung Simpels in die Klinik und dessen Niedergeschlagenheit und phlegmatischem Verhalten („gleichgültig", Z. 2, „zurückgezogen", Z. 3), das der Vater als Einsicht und Einverständnis des endlich funktionierenden Sohnes deutet („Fortschritte", Z. 3). Kein Aufbegehren, kein Ärger. Der Vater nimmt nur wahr, was er sehen will, ohne sich in Simpels Lage hineinzuversetzen. Im Kontrast dazu wird im zweiten Abschnitt in szenischer Darstellung klar, dass Simpel sich keineswegs seinem

Schicksal ergeben hat. Er fühlt sich von allen verraten. Seine Gefühlswelt wird durch die direkte Figurenrede für den Leser erlebbar. Der Dialog mit seinem Alter Ego, Monsieur Hasehase, macht deutlich, wie verzweifelt er ist und wie unsicher in seinem Tun. Der Hase spiegelt die Gefühle und Gedanken Simpels wider und hinterfragt dessen Plan zu protestieren. Die Bedenken von Monsieur Hasehase lassen Simpel nachdenklich werden: Was ist schlimmer, nicht sehen oder nicht weinen können? Simpel entscheidet sich für das Weinen. Der Kommentar des Hasen verleiht seiner Wut und Enttäuschung Ausdruck: „Colbert ist ein Dreckskerl." (Z. 10)

3. Direkte Rede: Simpel sagte zu Hasehase: „Alle, alle haben sie mich verraten, Enzo, Aria, Corentin, Zahra. Vor allem Colbert."; **Indirekte Rede:** Simpel sagte, dass alle, alle ihn verraten hätten, Enzo, Aria, Corentin, Zahra. Vor allem Colbert.; **Innerer Monolog in der direkten Rede:** Simpel dachte: Ich bin von allen, allen verraten worden, Enzo, Aria, Corentin, Zahra. Vor allem Colbert.; **Innerer Monolog als erlebte Rede:** Alle, alle hatten sie ihn verraten, Enzo, Aria, Corentin, Zahra. Vor allem Colbert. Das glaubte er ganz fest.

Gedichte untersuchen und deuten
Den Zusammenhang von Inhalt, Sprache und Form untersuchen

Seite 42

1. z. B. Frage: eine sprachliche Äußerung mit der jemand eine Antwort von jemand anderem erwartet, mit der eine Information oder eine Entscheidung mitgeteilt werden soll

2. z. B. Nachfragen: Dem Nachfragen sind eine Frage (und eine Antwort) meist schon vorausgegangen. Nachfragen kann man, wenn man etwas noch nicht richtig verstanden hat und signalisiert damit ein aufmerksames Zuhören.

3. abhängig von Schülerbeiträgen

Seite 43

4. einstrophigen, acht, der lyrische Sprecher, nachgestellt, steigern, Verspaare, letzten, z. B.: der vorletzte Vers besteht wie auch der erste wieder nur aus einem Wort („Fragen"), wodurch ein Rahmen entsteht und man wieder am Anfang steht.

5. abhängig von Schülerbeiträgen

6. abhängig von Schülerbeiträgen

7. abhängig von Schülerbeiträgen

Seite 44

8. „Milch und Honig gebender Acker" bezieht sich auf das „Land, wo Milch und Honig fließen", d. h. auf das Paradies.

Die Begrifflichkeit stammt aus der Bibel. **Gewicht:** der Angst – Angst wiegt schwer und ist erdrückend; **Länge und Breite:** der Liebe – dehnt sich in alle Richtungen aus, ist nicht fassbar, nicht mit Maßeinheiten zu beziffern; **Farbe:** der Sehnsucht – Sehnsucht kann hell (positiv, in freudiger Erwartung) und dunkel (negativ, mit Trauer verbunden) sein; **Steine:** schlucken als Strafe – Steine sind unverdaulich, liegen schwer im Magen, stehen für Unglück und Probleme; **tiefes Graben:** im Acker – ist körperlich schwere Arbeit, als Bedingung für eine Belohnung (Milch und Honig), steht für Durchhaltevermögen

Seite 45

9. abhängig von Schülerbeiträgen

10./11. z. B. V. 1 – V. 4: Neugier/Wissbegierde; V. 5 – V. 17: Zustand des lyrischen Ichs; V. 18 – V. 37: Fragen als Begleiter; V. 38 – V. 41: Welchen Sinn haben all die Fragen?; V. 42 – V. 45 (Refrain): Suche nach Antworten

12. abhängig von Schülerbeiträgen

13. z. B. Da Schafe in der Regel weiß sind, wird das Bild eines schwarzen Schafes gebraucht, um etwas Andersartiges, Auffälliges, einen Außenseiter zu bezeichnen. Ein schwarzes Schaf verhält sich nicht konform und wird deshalb als negativ bewertet.; mögliche Deutung: Das lyrische Ich empfindet seine Fragen als unangenehm und anstrengend (vgl. erste Strophe). Gleichzeitig hält es seine Fragen für anders als die Fragen anderer, für nicht normal. Es findet sich inmitten dieser schwarzen Schafe wieder und kommt damit nicht zurecht, da es viel lieber nicht zu den Außenseitern gehören würde.

14. z. B. Die Fragen und darin enthaltenen Gedanken werden über Anaphern (z. B. V. 22, 26, 28) und Alliterationen (z. B. V. 19, 31) miteinander verbunden, es entsteht eine Gleichwertigkeit in der Bedeutung. Die „Schafe" (V. 18) symbolisieren die Fragen. Die Antithesen „Tag und Nacht" und „voll und leer" stehen für die Gegensätze bzw. die zwei Seiten des Lebens, der leere Himmel und die Sterne sind symbolisch dafür eingesetzt, dass man, abhängig von bestimmten Bedingungen, nicht immer aller verstehen kann, die Lösung eines Problems nicht sieht, denn auch am Tag sind die Sterne ja da, nur eben nicht zu sehen (vgl. V. 20–21). Metaphorisch umschrieben wird der richtige Standpunkt, die richtige Meinung oder Einstellung (vgl. V. 23), wenn die Zeiten „Dunkel" werden, also auch am Tag „kein Licht angeht" (V. 25). Der „Regen" (V. 26) und das Zurückgeben dessen (vgl. V. 27) symbolisieren Probleme und deren Lösung, die „Purzelbäume" (V. 36) Zukunft und Unverdorbenheit. Weitere Metaphern sind die Kosten für Glück (vgl. V. 29) und der „Rand des Universums" (V. 30). Durch diese Bildhaftigkeit wird der Text gut verständlich und die Fragen, oft nach abstrakten Inhalten, bekommen eine vorstellbare Ebene.

15. z. B. Durch die doppelte Verneinung im V. 39 bleibt das Wort „nicht" stehen und transportiert damit Zweifel an der eigentlichen Aussage. Die Verständlichkeit wird zunächst erschwert.

16. z. B. Das lyrische Ich sucht nach Antworten, die sich ableiten lassen und die verlässlich sind, immer wieder anwendbar auf neue Probleme. Das unterstreichen die Begriffe „Formeln", „Typus", „Zyklus", „Schema", „Algorithmus", die allesamt aus den Naturwissenschaften stammen, wo Versuche beliebig wiederholbar und Ergebnisse vorhersagbar sein müssen. Auf das Leben mit seinen vielen Zufällen trifft dies aber kaum zu.

17. z. B. Die unregelmäßige Form des Slam-Textes unterstützt Inhalt und Thema dahingehend, dass auch hier keine festen Strukturen vorhanden sind, allenfalls nach ihnen gesucht wird. Durch die Form kommen Unsicherheit und Wankelmütigkeit des lyrischen Ichs zum Ausdruck. Der Prozess der Sinnsuche folgt keinen klaren Regeln.

18. abhängig von Schülerbeiträgen

Gedichte vergleichen

Seite 46

1. abhängig von Schülerbeiträgen

2. **A:** Günter Kunert; **B:** Akela Kunze; **C:** Erich Fried

3. abhängig von Schülerbeiträgen

Seite 47

4. abhängig von Schülerbeiträgen

5. Die Sprache beider Gedichte ist stark bildhaft. Auffällige sprachliche Mittel bei **G. Kunert:** unübersichtliche Syntax, fehlende Satzzeichen, zahlreiche Alliterationen, Enjambements, Metaphern, Inversion in letzten beiden Versen, unregelmäßiges Metrum; bei
A. Kunze: einfache Aussagesätze, auch ohne Satzzeichen, Enjambements, Vergleich („bleischwer"), Metapher („Tatsachen sinken …"), regelmäßiges Metrum; **Wirkung:** abhängig von Schülerbeiträgen

Das kannst du jetzt!

Seite 48

1. abhängig von Schülerbeiträgen

2. Die Sprache des Arbeiters besteht aus sich wiederholenden Fragen nach den Akteuren der Geschichte. Die Berichte liefern Feststellungen, die der Arbeiter im Fortgang weiter hinterfragt. Durch diesen Wechsel von Feststellung und Frage entwickelt sich der Text immer weiter.

Seite 49

3. abhängig von Schülerbeiträgen; z. B. Als das Gedicht entstand, erstarkte das Bewusstsein der Arbeiterklasse. In den Berichten des Gedichts wird die wichtige Rolle des

Arbeiters nicht erwähnt. Dadurch, dass Brecht den Arbeiter selbst davon lesen lässt, gibt er ihm die Möglichkeit, durch Nachfragen einzugreifen und auf diese Ungerechtigkeit aufmerksam zu machen.

4. Nein, die Fragen bleiben nicht offen. Vielmehr handelt es sich um rhetorische Fragen. Die Antwort darauf wird durch die Überschrift des Gedichts gegeben. Aber es bleiben Fragen offen, die nicht im Gedicht stehen, nämlich nach den Gründen für diese Geschichtsschreibung und ob sich dies einmal ändern wird.

5. Zusammenhang in der Thematik beider Gedichte: In beiden Texten geht es um die Verteilung der Macht. Bei Brecht zwischen denen, die die Geschichte schreiben und denen, die sie ermöglichen und bei Fried zwischen den „Großen" und den „Kleinen". Beide Texte weisen auf eine ungerechte Verteilung und Ausnutzung der Macht hin.

6. z. B. **Motiv der Frage:** bei Brecht viele unpersönliche W-Fragen; bei Fried direkte Leseransprache („du"); eine Entscheidungsfrage; **Lyrischer Sprecher:** tritt bei Brecht zurück, wird aber durch den Titel genannt; bei Fried präsent durch direkte Ansprache, wendet sich an Adressaten; **Thema und Aktualität:** zum Thema vgl. Lösung zu Aufgabe 5, die Aussage beider Texte, dass es wichtig ist, Fragen zu stellen und sich nicht davon abhalten zu lassen, eigenständig zu denken, wird immer aktuell sein.

Extra Üben

Seite 50

1. 3, 5, 2, 4, 1

Seite 51

2. *Die Thematik des Gedichts beinhaltet die Frage danach, was von einem bleibt, wenn man geht.*

3. Rhythmus – sinngemäß wechselnde Bewegung der Sprache, die durch Betonung, Pausen und klangliche Mittel entsteht; Thema – zentraler Grund- und Leitgedanke; Strophe – Anordnung einer bestimmten Anzahl von Versen mit ähnlichen Merkmalen (Metrum, Reimschema, Rhythmus) zu einer in sich geschlossenen Form; Enjambement – Zeilensprung oder Versbrechung, Satz- oder Sinneinheit aus einem Vers geht in den darauf folgenden über, kein Übereinstimmen von Satz bzw. Teilsatz- und Versende, Zusammenziehen dieser Verse beim Lesen.

4. Das Gedicht „Schuttablageplatz" umfasst 35 Verse, die nicht in Strophen gegliedert sind. Zahlreiche Enjambements, verteilt über das Gedicht, lassen einen nachdenklichen, weichen Eindruck entstehen. Die Aktualität des Themas ist auch heute noch gegeben. Beim Vortragen des Gedichts muss man die Besonderheiten des Rhythmus gut erfassen.

Dramatische Texte untersuchen und deuten
Die Figurenkonstellation untersuchen

Seite 52

1. Gegenstand des Dramas ist die unstandesgemäße Liebe des Prinzen zu Emilia Galotti, einem bürgerlichen Mädchen. Der Konflikt ergibt sich aus den gegensätzlichen Vorstellungen der verschiedenen Lebenswelten Adel und Bürgertum.

Seite 53

2. abhängig von Schülerbeiträgen

Seite 54

3. In dem Szenenauszug erfährt der Prinz von seinem Kammerherrn Marinelli, dass der Graf Appiani eine gewisse Emilia Galotti an diesem Tag heiraten wird. Der Prinz gesteht seinem Kammerherrn, dass er sich in ebendiese Emilia Galotti verliebt hat, sogar ein Bild von ihr besitzt, das er von einem Maler hat anfertigen lassen. Die Nachricht von der bevorstehenden Hochzeit lässt den Prinzen fast verzweifeln.

4. z. B. **Prinz:** „Ich bekam Lust, auszufahren. Der Morgen war so schön." (Z. 5 f.), „ – ich dächte, der wäre eher zu beneiden als zu belachen." (Z. 27 f.), „ – in welchen das Zeremoniell, der Zwang, die Langeweile und nicht selten die Dürftigkeit herrschet." (Z. 4 ff.), „Nun ja, ich liebe sie; ich bete sie an." (Z. 96) usw.; **Marinelli:** „Ich war mir eines so frühen Befehls nicht gewärtig." (Z. 4), „Ein Mädchen ohne Vermögen und ohne Rang hat ihn in ihre Schlinge zu ziehen gewusst." (Z. 20 ff.), „...mit vielem Prunke von Tugend und Gefühl und Witz" (Z. 23 f.), „Hier ist es durch das Missbündnis, welches er trifft, mit ihm doch aus." (Z. 42 ff.) usw.; **Graf Appiani:** „...dass die Verbindung des Grafen Appiani heute vollzogen wird" (Z. 11 ff.), „Die Sache ist sehr geheimgehalten worden." (Z. 16 f.), „bei alledem ist er doch ein sehr würdiger junger Mann, ein schöner Mann, ein reicher Mann, ein Mann voller Ehre." (Z. 32 ff.) usw.; **Emilia:** „Die Tochter des Obersten Galotti, bei Sabionetta?" (Z. 68 f.), „Die hier in Guastalla mit ihrer Mutter wohnet?" (Z. 71 f.) usw.; **Eltern:** „Das Geschlecht der Galotti ist groß." (Z. 57 f.), „Die Trauung geschiehet in der Stille, auf dem Landgute des Vaters bei Sabionetta." (Z. 87 f.) usw.

5. **Adel:** Prinz, Marinelli, Graf Appiani, Gräfin Orsina; **Bürgertum:** Emilia Galotti, Odoardo und Claudia Galotti

Seite 55

6. z. B. Der Prinz ist in Emilia verliebt und ist voller Verzweiflung, als er von der bevorstehenden Hochzeit erfährt: „Nun ja, ich liebe sie; ich bete sie an." (Z. 96), „So bin ich verloren! – So will ich nicht leben!" (Z. 92 f.)

7. Der Prinz und Marinelli sind Kontrastfiguren. Sie haben, obwohl sie beide dem Adel angehören, völlig unterschiedliche Auffassungen, gehen aber höflich, der Etikette entsprechend, miteinander um. Der Prinz wirkt eher

aufgeklärt – Marinelli starr, hochnäsig und abschätzig gegenüber dem Bürgertum.

8. abhängig von Schülerarbeiten

Die Figuren untersuchen und charakterisieren

Seite 58

1. abhängig von Schülerbeiträgen

2. z.B. „(stürzet in einer ängstlichen Verwirrung herein)" (Z. 3); „Nie hätte meine Andacht inniger, brünstiger sein sollen als heute" (Z. 17 f.); „Nein, meine Mutter; so tief ließ mich die Gnade nicht sinken." (Z. 25 f.) usw.

3. z.B. Emilia Galotti ist ein bescheidenes, gottesfürchtiges, tugendhaftes bürgerliches Mädchen, das sich selbst als schwach empfindet und für Verfehlungen anderer die Schuld auf sich nimmt.

4. abhängig von Schülerbeiträgen

5. abhängig von Schülerbeiträgen

Das kannst du jetzt!

Seite 59

1. z.B. Odoardo und Emilia stehen am Ende versöhnlich zueinander, beide wollen die Schuld am Tod Emilias auf sich nehmen. Voll Schmerzen lässt der Vater sie sterben.; Der Prinz verbannt Marinelli, denn ihm wird klar, dass er sich hat blenden lassen. An dem tragischen Ende gibt der Prinz Marinelli die Schuld.

2. abhängig von Schülerbeiträgen

3. a) Odoardo meint mit diesem Ausspruch, dass er sie vor Schlimmerem (Entehrung durch den Prinzen) bewahren wollte.; b) Der Prinz verachtet Marinelli und will verhindern, dass er ohne Strafe aus dem Leben geht. Emilia starb unschuldig, ihr Blut klebt an dem Dolch. – Marinelli jedoch erachtet der Prinz für schuldig. Er will Emilia eine letzte Würde erweisen, indem er Marinelli den Dolch nicht überlässt.

Extra Üben

Seite 60

1. Antagonist, Nebenfigur, Kontrastfiguren, Hauptfiguren, Korrespondenzfiguren, Protagonist

2. **Äußeres Erscheinungsbild:** Aussehen, Kleidung, Mimik, Gestik, Körperhaltung; **Bedeutung für die Handlung:** Haupt- oder Nebenfigur; **Inneres der Figur:** Gedanken und Gefühle, Interessen, Einstellungen, Absichten; **Lebensumstände:** familiäre, berufliche, gesellschaftliche Rolle; Beziehungen zu anderen; **Sprache:** Ausdrucksweise, Gesprächsverhalten; **Verhalten der Figur:** Tätigkeiten, Handlungsweise, Gewohnheiten, Vorlieben

3. *seit* seiner ersten Begegnung; **mit** dem bürgerlichen Mädchen; **mit** dem Grafen Appiani; **auf** dem Weg; **von** bezahlten Verbrechern; **in** scheinbare Sicherheit; **zu** ihrer Mutter; **auf** das Schloss; **durch** den Prinzen; **über** den Prinzen Gonzaga; **infolge** der Intrige; **in** der Obhut; **mit** dem Dolch; **zu** einer solchen Tat; **an** der Katastrophe; **von** seinem Hof

4. „Emilia Galotti", Lessings bürgerliches Trauerspiel, wurde 1772 geschrieben. Es ist eine tragische Mischung aus Leidenschaften, Zufällen und fehlgeleiteten Informationen/Nachrichten. In „Emilia Galotti" treffen Bürgertum und Adlige aufeinander. Dadurch werden die Unstimmigkeiten erkennbar, die zwischen den beiden Klassen bestehen. Das Drama zeigt die bürgerliche Lebenswelt in Auseinandersetzung mit der adligen Welt/der Welt bei Hofe. Das negative Bild des willkürlichen Machtmissbrauchs (durch den Prinzen) und die darin erkennbare Kritik am Absolutismus erscheinen sehr eindeutig. Aber auch Kritik am Bürgertum zeigt Lessing deutlich. Er kritisiert das der Öffentlichkeit abgekehrte bürgerliche Ideal der Privatheit (Weltflucht). „Emilia Galotti" ist ein politisch-gesellschaftskritisches Drama.

Zusammenhänge zwischen Grammatik und Stil erkennen

Verknüpfungen in Texten erkennen und herstellen

Seite 64

1. z.B. zugleich, diese, aber, diese, die, zudem, Region: Marokko, Jordanien, Saudi-Arabien, dieses, Tunesien – zentral-tunesischen, weil, seinem, die, von – von – von, Massenproteste – Proteste – Revolten – Protesten – Massendemonstrationen – Protestierenden usw.

2. z.B. sinnverwandte Wörter: naher/mittlerer Osten und Nordafrika – Konfliktregion – Tunesien, Ägypten, Libyen – arabische Welt – Region – Marokko, Jordanien, Saudi-Arabien, Syrien, Ägypten, Libyen, Jemen – arabischen Staaten – arabischen Länder usw.; Regime, Regime, Herrscher, Macht, Präsident, Präsident, dynastische Erbfolgen, Monarchien, Präsidialsystem, Machtübergabe usw.; stammverwandte Wörter: Massenproteste, Proteste, Protesten, die Protestierenden, Proteste usw.

3. abhängig von Schülerbeiträgen; im Original: Der Funke der Revolte (Z. 18), Ein Leben in Würde (Z. 47)

4. z.B. b) 62 Prozent sind über die steigenden Lebenshaltungskosten sehr besorgt, während sich 44 Prozent vor „gesellschaftlichen Unruhen" fürchten.; c) 31 Prozent würden am liebsten in den Vereinigten Arabischen Emiraten leben, nach Frankreich zieht es letztlich nur 18 Prozent.; d) Die Bedeutung sozialer Medien stieg von null auf 28 Prozent, immerhin 24 Prozent lesen noch Zeitung.

Seite 65

5. Aufsatz, informierend, Mittel zur Satzverknüpfung z. B.: fast … fast, Präsident – Staatchef – „Pharao" – der

abgesetzte Präsident – Mubarak; seinem – er – den Mann – er – seiner – er – seiner; Familie – Söhne; Sinai – hier – Badeort usw.; Verknüpfung findet eher auf semantischer Ebene statt: viele sinnverwandte Wörter – anschauliche Präsentation der Fakten als Textabsicht steht im Vordergrund.

Seite 66

6. *ratifizierten:* unterzeichnen, zustimmen; **Konvention:** Vereinbarung zwischen Ländern; **Diskriminierung:** ungerechte Behandlung; **Rechtsstatus:** Lage, in die einen das Recht des eigenen Landes versetzt; **Sittsamkeit:** sich an Regeln der Gesellschaft halten; **Handlungsoptionen:** Möglichkeiten zum Handeln; **Qualifikation:** Ausbildung; **Erwerbsbevölkerung:** Bürger eines Landes, die einer Arbeit nachgehen; **Beschäftigungquote:** Anteil der arbeitenden Bürger eines Landes an der Gesamtbevölkerung

7. abhängig von Schülerbeiträgen

8. abhängig von Schülerbeiträgen

Satzstrukturen und ihre Wirkung untersuchen

Seite 67

1. **Der Palästinakrieg:** Subjekt; **wurde ... beendet:** Prädikat; **1949:** Temporalbestimmung; **durch ein Abkommen:** Modalbestimmung

2. z. B. Beendet wurde der Palästinakrieg durch ein Abkommen. – Besonders betont wird, *wie* der Palästinakrieg beendet wurde, indem durch das Vorwandern des Prädikats „durch ein Abkommen" ins Nachfeld rückt.

Seite 68

3. **richtig:** Im Vorfeld können mehrere Satzglieder stehen; Steht ein Satzglied im Vorfeld wird es besonders betont.; Wenn das Vorfeld nicht besetzt ist, wird aus einem Aussagesatz eine Frage.; Das Prädikat steht niemals im Vorfeld.; Im Nachfeld kann auch das Subjekt des Satzes stehen.

4./5. **Text A:** Im Vorfeld und Nachfeld stehen hier vor allem temporale Bestimmungen. Damit wird die zeitliche Dimension des Nahostkonflikts besonders betont.; **Text B:** Im Vorfeld und Nachfeld stehen vor allem die Objekte und Subjekte. Damit stehen hier die Akteure des Nahostkonflikts im Vordergrund der Berichterstattung.

Das kannst du jetzt!

Seite 69

1. **ihnen:** Personalpronomen; **jener:** Demonstrativpronomen; **deren:** Relativpronomen; **Sie (2 x):** Personalpronomen; **diese:** Demonstrativpronomen; **schließlich:** Adverb; Alle markierten Wörter dienen der Verknüpfung der einzelnen Sätze.

2. z. B. In Monologen haben die Jugendlichen ihre Gedanken und Gefühle niedergeschrieben. – Betonung liegt auf der Art und Weise, *wie* die Jugendlichen ihre Gedanken und Gefühle niedergeschrieben haben: *in Monologen*.; Ihre Gefühle und Gedanken haben die Jugendlichen in Monologen niedergeschrieben. – Betonung liegt darauf, *was* die Jugendlichen in Monologen niedergeschrieben haben: *ihre Gefühle und Gedanken*.

3. abhängig von Schülerbeiträgen

Extra Üben

Seite 70

1. **Substantiv:** Basidji, Einhaltung, Händchen; **Verb:** zeigen, sitzt, sind; **Adjektiv:** jungen, islamischen, deutlich; **Konjunktion:** denn, aber, dass; **Artikel:** der, die, ein; **Adverb:** miteinander, zwar, noch; **Präposition:** für, von

2. *Die Teehäuser sind ein kleines Stück alltäglicher Freiheit, das sich junge Iraner geschaffen haben.*; Es gibt keine Alltäglichkeit in einem Land, in dem die Behörden das Leben überall kritisch verfolgen.; Unverheiratete Pärchen rücken ein Stück auseinander, sobald sich Polizisten oder Vertreter der Revolutionsgarden nähern.; Immer wieder passiert es Mädchen, dass sie von den Sittenwächtern verprügelt werden.

Seite 71

3. sie, die, so, das, die, dies, diese, diese, ihrer

4. z. B. *diskutieren – Diskussion, Diskutierende*; kommentieren – Kommentar, Kommentator/in, kommentarlos; investieren – Investition, Investor/in; Kritik – kritisieren, kritisch, Kritiker/in

5. Ein reicher Geschäftsmann habe bei der Investitionsbehörde ganz offiziell den Antrag gestellt, dass er in Kinos investieren wolle.; Am Wochenende wurde die Entscheidung dann offiziell bekannt gegeben, als die Zeitung titelte: „Grünes Licht für Kinos".

Regeln und Verfahren der Rechtschreibung anwenden

Nachschlagewerke und PC zur Kontrolle und Korrektur nutzen

Seite 72

1. a) Eva und Peter beschäftigen sich zurzeit im Deutschunterricht mit dem Thema Schulpraktikum.; b) Zu Hause hat Eva keine Lust zum Überarbeiten ihrer Bewerbung.; c) Ihr fehlt auch die Zeit, die sie für das Korrekturlesen braucht.; d) Das Für und Wider einer Praktikumsstelle bei der Tageszeitung will sie noch abklären.; e) Aber sie denkt, dass ihr diese Arbeit Spaß machen könnte.; f) Peter interessiert sich für Autos, Elektronik und technische Details.; g) Er schreibt deshalb gleich ein paar Bewerbungen um Praktikumsstellen im technischen Bereich.

Lösungen Kapitel/Test

Seite 73

2. z. B. Groß- und Kleinschreibung, gleich- und ähnlich klingende Laute, Getrennt- und Zusammenschreibung

3. üblichen, Schulalltag, entfliehen, Abwechslung, Jugendliche, Arbeitswelt, Pflichtpraktikum, statt, Gymnasiasten, normalerweise, Klasse, Herausforderungen, Praktikumsstelle, Branche, Verwandte, Praktikumstipp, persönlich, Eigeninitiative, schätzen

4. abhängig von Schülerbeiträgen; z. B. Schulalltag: alltäglich, Alltagsgeschäft; Abwechslung: abwechseln, Wechsel, wechselhaft; persönlich: Person, Personal, Personenanzeige, Personalausweis; schätzen: Schätzung, Schatz, schätzungsweise usw.

Fehlerschwerpunkt: Groß- und Kleinschreibung

Seite 74

1. Sammeln, Erfahrungen, Gelegenheiten, Kennenlernen, Mitarbeitern, Sinnvolles, Beste, Arbeitsbereitschaft, Ausdruck, liebsten, Praktikum, Praktisches, spannendsten, viele, Mitarbeiten, Übernehmen, Arbeiten, Abwechslung, Betreuung, Interessantes, erreichen, bestmöglich

Seite 75

2. z. B. Mein erster Tag begann mit gegenseitigen Begrüßungen und einer kurzen Vorstellung. Dann bekam ich sämtliche Informationen über das Unternehmen, die Arbeitsabläufe hier, Arbeits- und Pausenzeiten. Und schon war es Mittag. Nach der Mittagspause, das war so ab 14.00 Uhr, habe ich meinen Arbeitsplatz kennengelernt und bekam eine kurze Unterweisung in die Software, das Internet und Intranet. Am Dienstag beschäftigte ich mich den gesamten Vormittag mit dem Zusammenfassen und Überarbeiten von Artikeln der Presseagenturen. Am <u>Dienstagnachmittag</u> habe ich zwei kurze Nachrichten für die Mittwochsausgabe der Zeitung vorbereitet. Mittwochs gibt es <u>morgens</u> immer einen Außentermin. In dieser Woche war ich bei der Fecht-Bundesliga. 11 Uhr war Pressekonferenz, die bis <u>Mittwochmittag</u> ging. Den Nachmittag habe ich mich dann mit dem Verfassen eines Artikels übers Fechten befasst. Daran habe ich auch am nächsten Tag weitergearbeitet. <u>Am Donnerstag</u> hatte ich <u>am Morgen</u> mein erstes Zwischengespräch mit meinem Betreuer und danach habe ich wieder Artikel der Presseagenturen zusammengefasst und überarbeitet. Diese Arbeit habe ich auch gestern Vormittag noch fortgesetzt. <u>Immer freitags</u> ist Teamsitzung. Dabei kommt es zum Austausch über die vergangene und zur Planung der neuen Woche. Die Sitzung dauerte den ganzen Nachmittag. Als ich dann <u>gestern Abend</u> nach Hause kam, war ich ganz schön geschafft von der ersten Arbeitswoche, aber auch sehr zufrieden.

3. Ihnen, uns, Ihnen, unserer, Sie, Ihre, sie, Ihrer, Sie, Ihrer, Sie, Sie, Ihrerseits, mich, Sie, meinem

Fehlerschwerpunkt: Getrennt- und Zusammenschreibung

Seite 76

1. **Getrenntschreibung:** an sein, arbeiten können, dabei sein, gerade sitzen, Klavier spielen, Kuchen backen, lesen üben, Auto fahren, getrennt schreiben, zusammen lernen, Schlange stehen; **Zusammenschreibung:** kopfstehen, stattfinden, leidtun, zusammenfassen, feststellen

2. abhängig von Schülerbeiträgen

3. Hi Eva, hätte nicht gedacht, dass es mir hier so gut gefallen würde. Ich darf sogar eine Software weiterentwickeln, weil mir das leichtfällt und Spaß macht. Ich kann hier mit allen gut zusammenarbeiten und mein Können zeigen und mich völlig frei fühlen. Wie ist es bei dir? LG Peter

Fehlerschwerpunkt: gleich- und ähnlich klingende Laute

Seite 77

1. *König (Könige, Königin, königlich)*; Lob (z. B. loben, löblich); aufräumen (z. B. Raum, Räume); erklären (z. B. klar, klären, Klarheit); wild (z. B. wildern, Wilderer); Bewerbung (z. B. bewerben, werben, Werbung); Erlebnis (z. B. erleben, leben); Geräusch (z. B. rauschen, Rausch); Gehalt (z. B. Gehälter, halten); männlich (z. B. Männlichkeit, Mann, Männer); klug (z. B. Klugheit, klüger); halb (z. B. halbieren, Halbierung)

2. Halbzeit, Unglaublich, heute, Hälfte, liegt, läuft, riesig, nett, Lob, treibt, wütend, Abend, wird, träge, Grüße

Fehlerschwerpunkt: *das/dass*

Seite 78

1. das, dass, Dass, das, dass, dass, das, das, das, dass

2. *(1) „dass" ist Konjunktion und leitet einen Objektsatz ein; (2) „das" als Demonstrativpronomen; (3)/(4) „dass" ist Konjunktion und leitet je einen Objektsatz ein; (5) „das" als Demonstrativpronomen; (6) „das" als Artikel; (7) „dass" ist Konjunktion und leitet einen Objektsatz ein; (8) „Das" als Demonstrativpronomen; (9) „dass" ist Konjunktion und leitet einen Objektsatz ein; (10) „das" als Artikel*

Das kannst du jetzt!

Seite 79

1. **Groß- und Kleinschreibung:** als, Ihre, morgen, Nachmittag, Ihnen; Ihrer, Beruf, Ihnen, Sie, persönliches, Ihnen; **Getrennt- und Zusammenschreibung:** Stellenanzeige, vorzustellen; Auseinandersetzen, kennenzulernen; **gleich- und ähnlich klingende Laute:** fasste, Entschluss, Kandidat, Unternehmen; abläuft, näher, selbstverständlich, Grüßen; **das/dass:** dass (Sie noch …), das (Auseinandersetzen)

Extra: Üben

Seite 80

1. Zweite Weltkrieg (1939); Landeshauptstadt, Nordrhein-Westfalen (Düsseldorf); Koalition (Regierungsbildung durch verschiedene Parteien); deutsche Wiedervereinigung, statt (03.10.1990); Bundesrepublik (Grundgesetz); Bundespräsident, gewählt (5); Mathematik, Hypotenuse (die Seite in einem rechtwinkligen Dreieck, die dem rechten Winkel gegenüberliegt); punktsymmetrisch (Karo 8)

Seite 81

2. Informatiker, Mechatronik, Interesse, Spaghetti, Balance, Grafiker, Potential, Fantasie, Sympathie, Rhetorik; **Lösungswort:** Lebenslauf

3. **Getrenntschreibung:** blau sein, erfinden lassen, vorbei sein, mutig sein, interessant gestalten; **Zusammenschreibung:** schwarzfahren, blaumachen, vorhersagen, dazwischenreden, schwarzärgern, rotsehen, austauschen, reinfallen

Test – Sprache thematisieren
Rechtschreibung

Seite 82

1. weggelaufen, usw., nahegegangen, abzuschieben, z. B., mitgenommen, zu tun, zweimal, u. v. m., dabei zu sein, alleingelassen, darüber hinaus, genauso viel, ggf.

2. Werbeagentur, Werbebranche, Recherche- und Kommunikationstechniken, Grafik, Design, Marketingstrategien, Arbeitsatmosphäre, sympathischen, Chefin, Filiale, Akzeptanz, experimentieren, Assistentin, Werbeslogans

Test – Hörverstehen

Seite 83

2. richtig, falsch, falsch, richtig

3. Warum drehen sich Knödel im Topf?

4. Thüringer Klöße, Semmelknödel, Hefeklöße, Germknödel, Kartoffelklöße

5. Hefeklöße

6. Wenn ein runder Knödel im Wasser schwimmt, dann kennt er kein oben und unten.

7. Der Schwerpunkt des Knödels bleibt immer an derselben Stelle, weil der Knödel rund ist.

Seite 84

8. richtig, falsch, falsch, falsch

9. Im Topf ragt der obere Teil des Knödels aus dem Wasser. Die Bläschen im unteren Teil des Knödels können sich durch die höhere Temperatur des kochenden Wassers leichter ausdehnen; Vom Boden des Topfes steigen Bläschen auf und bleiben an der Unterseite des Knödels

haften.; Dadurch entsteht ein leichter Auftrieb, der den Knödel dreht.

Seite 85

10. **unten:** im Topf aufsteigende Bläschen; **Mitte:** sich drehender Knödel; **oben:** kältere Temperatur; Die Bläschen und ein die Drehung anzeigender Pfeil sowie Ströme der kälteren Temperatur sollten eingezeichnet werden.

11. Bei geöffnetem Topf ist die Temperatur unmittelbar über dem kochenden Wasser kälter. Dieser Temperaturunterschied genügt, um die Drehbewegung zu verstärken.

12. Durch die Hitze (= thermo) im Topf wird die Bewegung (= Dynamik) des Knödels ausgelöst. Daher kann man von einem thermodynamischen Gebilde sprechen.

Test – Erschließendes Lesen
Sachtext

Seite 87

2. Verdeutlichung der Religion

3. Matrosen, Sträflinge, Soldaten, Urvölker (Maori, Polynesier), Punks

4. falsch, richtig, richtig, falsch, richtig

5. Es wurden kleine Schnitte in die Haut geritzt, die dann mit Kohle, Erde oder Pflanzenfarben gefüllt wurden.

6. seit über 5 000 Jahren

Seite 88

7. Tattoos haben heutzutage viele Menschen. Sie sind modern, beliebt, prägen das Straßenbild, gehören zur Jugendkultur. Sie sind kein Kennzeichen mehr für Außenseiter.

8. Bei Tätowierungen können sich die Farben mischen und ineinander fließen.

9. Die Behauptung stimmt so nicht, das Entfernen einer Tätowierung ist eher problematisch, da
   - durch die Laserlichtbehandlung die Farbpigmente zersprengt werden und in die Lymphknoten gelangen (Gesundheitsschädigung, ggf. Krebs)
   - die Entfernung sehr schmerzhaft ist,
   - mehrere Behandlungen dafür nötig sind,
   - es nur die neuesten Geräte schaffen, alle Farbpigmente zu beseitigen (ältere haben Schwierigkeiten mit Gelb und Türkis)

10. richtig, falsch, falsch, falsch, richtig

11. Autor sieht das Tätowieren eher problematisch.; Textbelege, z. B.: „Der Haut werden viele kleine Verletzungen zugeführt." (Z. 24); „Unseriöse Tätowierer benutzen oft

Farben, die Restprodukte aus der Industrie sind. Zum Beispiel Pigmente aus Autolacken. Diese Farben sind nicht für den kosmetischen Gebrauch getestet, enthalten Azopigmente und Weichmacher und können krebserregend sein." (Z. 29 ff.); „Eine Tätowierung will also wohlüberlegt sein, denn sie ist normalerweise für die Ewigkeit." (Z. 36 f.); „Die Entfernung eines Tattos ist sehr schmerzhaft und es sind mehrere Behandlungen nötig, bis dieser Körperschmuck aus der Haut entfernt ist. Die Farbpigmente werden vom Laserlicht regelrecht zersprengt und gelangen aus der Haut in die Lymphknoten." (Z. 34 ff.)

Literarischer Text

Seite 90

2. 3, 1, 4, 2, 6, 5

3. z. B. Küche und Zimmer, in dem sich das Bett des kranken Jungen befindet; beide Räume sind durch eine Tür verbunden; die Küche hat ein Fenster

4. Der Vater hat von den Kirschen genascht.

5. falsch, richtig, richtig, falsch, richtig

6. Die Mutter ist während der erzählten Begebenheit nicht anwesend.

Seite 91

7. zutreffend, nicht zutreffend, zutreffend, nicht zutreffend, zutreffend, nicht zutreffend

8. Die Kirschen stehen hier für etwas ganz Besonderes, wonach man sich bei dem Wenigen, was man nach dem Krieg hatte, außerordentlich sehnte. Kirschen sind rot, süß und saftig und bilden so einen Kontrast zum grauen, entbehrungsreichen Nachkriegsalltag.

9. Der Junge schämt sich, weil er seinem Vater, der nur das Beste für ihn will, unrecht getan hat.

10. Egoistischen Menschen sollte man mit Ablehnung begegnen.

11. falsch, richtig, richtig, richtig, falsch

Test – Schreiben

Seite 92

1. abhängig von Schülerbeiträgen; Wichtig ist, dass die Merkmale der Textsorte Kommentar beachtet und umgesetzt werden.

Hörtext

Warum drehen sich Knödel im Topf?

[…] Doch eines Tages schrieb mir ein älterer Herr und schilderte mir ein sonderbares Phänomen mit der Bitte um Aufklärung. Zum Glück war das Schreiben kurz und beinhaltete dieses Mal keinen Versuch, die Energieprobleme der Welt für immer zu lösen. Vielmehr ging es um eine einfache Frage: Warum drehen sich Knödel im Topf? Knödel und Klöße sind überall beliebt und es gibt sie in einer unglaublichen Vielfalt. Kartoffelklöße, Thüringer Klöße, Germknödel, Hefeklöße, die kocht meine Schwiegermutter besonders gut, und last but not least Karl Valentins bekannte Semmelnknödeln. Allen gemeinsam ist eine Eigenschaft, sie sind rund. Und genau hierin liegt wohl die Lösung des Rätsels. Wenn ein runder Knödel im Wasser schwimmt, dann kennt er kein Oben und Unten. Denn durch die runde Form bleibt der Schwerpunkt immer an derselben Stelle, egal wie man ihn dreht. Genauso wie ein Ball im Wasser kann man ihn leicht drehen und benötigt hierfür kaum Kraft. Im kochenden Wasser oder siedenden Fett bilden sich jedoch im Knödel kleine Bläschen, die perfekte symmetrische Form wird dadurch leicht gestört. Da die Unterseite völlig ins Wasser eingetaucht ist, können sich die Bläschen dort aufgrund der höheren Temperatur stärker ausdehnen. Bläschen, die vom Boden des Kochtopfes aufsteigen, haften an der Unterseite des Knödels und bewirken einen leichten Auftrieb. Die kleinen Kräfte reichen aus, um den runden Knödel zu drehen. Jetzt taucht aber eine andere Partie ein, die vorher aus dem Wasser ragte. Sie wird plötzlich stärker erhitzt. Die Bläschen dehnen sich aus und erneut dreht der Knödel im Kopf. Wenn der Topf offen ist, wird das Drehen noch verstärkt, denn unmittelbar über dem kochenden Wasser ist es kälter. Diese Temperaturdifferenz reicht aus, um die Drehbewegung weiterzutreiben. Etwas Ähnliches kann man übrigens auch beim Abschmelzen von Eisbergen beobachten. Auch hier kommt es durch das Abschmelzen zu einer ständigen Verschiebung des Schwerpunktes und so dreht sich der schmelzende Eisberg wie von Geisterhand im Wasser. Der drehende Knödel im Topf bewegt sich durch minimale Änderungen der Dichte und wird damit zu einem thermodynamischen Gebilde. Durch die Expansion von Gasen wird mechanische Arbeit geleistet wie bei einem Motor. Es gibt übrigens Parallelen zwischen dem drehenden Knödel und so manchem Perpetuum mobile. Dieses besteht häufig aus Rädern, die sich durch minimale Temperaturunterschiede an einer Seite ausdehnen und so zu drehen beginnen. Doch bevor Sie jetzt der Idee erliegen, man könne die Welt durch selbstdrehende Knödelmaschinen retten, auch beim Knödel gelten die klassischen Gesetze der Physik.

2. Kreuze die richtige Fortsetzung des Satzes an.

Die Thematik des Gedichts beinhaltet die Frage danach, …

☐ … was ein Leben lebenswert macht.

☐ … was von einem bleibt, wenn man geht.

3. Markiere die richtigen Silben der Fachbegriffe und ordne sie den Erklärungen unten zu. Achte auf die korrekte Schreibung.

Stro-/Stroh-
fe   phe
pfe

En-/Enn-
jam   jamm   jahm
bhe   be
mend   mennt   ment

The-/Te-/Tee-
ma   mah   mha

Ry-/Ryh-/Rhyth-
tmus   thmus   mus

sinngemäß wechselnde Bewegung der Sprache, die durch Betonung, Pausen und klangliche Mittel entsteht:

_____

zentraler Grund- und Leitgedanke:

_____

Anordnung einer bestimmten Anzahl von Versen mit ähnlichen Merkmalen (Metrum, Reimschema, Rhythmus) zu einer in sich geschlossenen Form:

_____

Zeilensprung oder Versbrechung, Satz- oder Sinneinheit aus einem Vers geht in den darauf folgenden über, kein Übereinstimmen von Satz- bzw. Teilsatz- und Versende, Zusammenziehen dieser Verse beim Lesen:

_____

4. Setze die Fachbegriffe aus Aufgabe 3 in richtiger Form in die folgenden Sätze ein.

a) Das Gedicht „Schuttabladeplatz" umfasst 35 Verse, die nicht in _____ gegliedert sind.

b) Zahlreiche _____, verteilt über das Gedicht, lassen einen nachdenklichen, weichen Eindruck entstehen.

c) Die Aktualität des _____ ist auch heute noch gegeben.

d) Beim Vortragen des Gedichts muss man die Besonderheiten des _____ gut erfassen.

Die Figurenkonstellation untersuchen

Schülerbuch S. 157 ▪ Figurenkonstellation

Erste Informationen über die Figuren eines Dramas gibt dir das **Personenverzeichnis**. Bei der Analyse der Figurenkonstellation untersuchst du die **Beziehungen der Figuren**, ihre **Funktion** und **wechselseitigen Beeinflussungen**. Man unterscheidet in **Hauptfiguren**, die entscheidend für die Entwicklung der Handlung sind, und **Nebenfiguren**, die eine untergeordnete Rolle spielen (z. B. *Diener, Boten*). Der **Protagonist** ist die Hauptfigur, der Held; der **Antagonist** ein meist negativ dargestellter Gegenspieler, der auch unpersönlich sein kann. Figuren mit gegensätzlichen Merkmalen werden **Kontrastfiguren**, Figuren, die eher einander entsprechen, **Korrespondenzfiguren** genannt.

Personen:

Emilia Galotti
Odoardo *und* **Claudia Galotti,**
Eltern der Emilia
Hettore Gonzaga,
Prinz von Guastalla
Marinelli,
Kammerherr des Prinzen
Camillo Rota,
einer von des Prinzen Räten
Conti, *Maler*
Graf Appiani
Gräfin Orsina
Angelo *und einige Bediente*

Das bürgerliche Trauerspiel „**Emilia Galotti**" von Gotthold Ephraim Lessing wurde 1772 in Braunschweig uraufgeführt. Es gilt als typisches Werk der Epoche der Aufklärung. Zentrales Thema des Dramas ist die Liebe des Prinzen zu einem bürgerlichen Mädchen, Emilia Galotti. Vorstellungen und Werte des Adels werden denen des neu aufgeklärten Bürgertums gegenübergestellt.

1. Lies die Informationen zum Stück und das Personenverzeichnis von Lessings Drama „Emilia Galotti". Achte besonders auf Namen und Titel der Figuren. Stelle Vermutungen zum Gegenstand und Konflikt des Dramas an und halte diese in zusammenhängenden Sätzen fest.

_____

_____

_____

_____

_____

_____

_____

_____

2. Schreibe auf, was du von einem „bürgerlichen Trauerspiel" erwartest.

_____

_____

_____

Gotthold Ephraim Lessing: Emilia Galotti (1772)

Der erste Akt des Dramas spielt im Arbeitszimmer der fürstlichen Residenz in der Hauptstadt Guastalla. Der Prinz sieht nachlässig Bittschriften auf seinem Schreibtisch durch. Dabei erinnert ihn eine Bittstellerin namens Emilia an seine Begegnung mit Emilia Galotti, die er bei einer Abendgesellschaft kennengelernt hat. Der Prinz ist aufgewühlt, denn Emilia geht ihm seitdem nicht mehr aus dem Kopf. Für seine ehemalige Geliebte, die Gräfin Orsina, hingegen hegt er keine Gefühle mehr. In der folgenden Szene erstattet Marinelli, sein Kammerherr und Berater, dem Prinzen Bericht.

Erster Aufzug, sechster Auftritt

Die Szene: ein Kabinett des Prinzen.

Marinelli. Der Prinz.

Marinelli. Gnädiger Herr, Sie werden verzeihen. – Ich war mir eines so frühen Befehls nicht gewärtig.

5 **Der Prinz.** Ich bekam Lust, auszufahren. Der Morgen war so schön. – Aber nun ist er ja wohl verstrichen; und die Lust ist mir vergangen. – *(Nach einem kurzen Stillschweigen.)* Was haben wir Neues, Marinelli?

10 [...]

Marinelli. So gut wie gar nichts. – Denn dass die Verbindung des Grafen Appiani heute vollzogen wird – ist nicht viel mehr als gar nichts.

Der Prinz. Des Grafen Appiani? und mit wem denn?
15 – Ich soll ja noch hören, dass er versprochen ist.

Marinelli. Die Sache ist sehr geheimgehalten worden. Auch war nicht viel Aufhebens davon zu machen. – Sie werden lachen, Prinz. – Aber so geht es den Empfindsamen! Die Liebe spielet ihnen
20 immer die schlimmsten Streiche. Ein Mädchen ohne Vermögen und ohne Rang hat ihn in ihre Schlinge zu ziehen gewusst – mit ein wenig Larve, aber mit vielem Prunke von Tugend und Gefühl und Witz – und was weiß ich?

25 **Der Prinz.** Wer sich den Eindrücken, die Unschuld und Schönheit auf ihn machen, ohne weitere Rücksicht, so ganz überlassen darf – ich dächte, der wäre eher zu beneiden als zu belachen. – Und wie heißt denn die Glückliche? Denn bei alledem
30 ist Appiani – ich weiß wohl, dass Sie, Marinelli, ihn nicht leiden können; ebenso wenig als er Sie –, bei alledem ist er doch ein sehr würdiger junger

Mann, ein schöner Mann, ein reicher Mann, ein Mann voller Ehre. Ich hätte sehr gewünscht, ihn
35 mir verbinden zu können. Ich werde noch darauf denken.

Marinelli. Wenn es nicht zu spät ist. – Denn soviel ich höre, ist sein Plan gar nicht, bei Hofe sein Glück zu machen. – Er will mit seiner Gebieterin
40 nach seinen Tälern von Piemont – Gemsen zu jagen, auf den Alpen, und Murmeltiere abzurichten. – Was kann er Besseres tun? Hier ist es durch das Missbündnis, welches er trifft, mit ihm doch aus. Der Zirkel der ersten Häuser ist ihm von nun
45 an verschlossen – –

Der Prinz. Mit euren ersten Häusern! – In welchen das Zeremoniell, der Zwang, die Langeweile und nicht selten die Dürftigkeit herrschet. – Aber so nennen Sie mir sie doch, der er dieses so große
50 Opfer bringt.

Marinelli. Es ist eine gewisse Emilia Galotti.

Der Prinz. Wie, Marinelli? Eine gewisse –

Marinelli. Emilia Galotti.

Der Prinz. Emilia Galotti? – Nimmermehr!
55 **Marinelli.** Zuverlässig, gnädiger Herr.

Der Prinz. Nein, sag ich; das ist nicht, das kann nicht sein. – Sie irren sich in dem Namen. – Das Geschlecht der Galotti ist groß. – Eine Galotti kann es sein: aber nicht Emilia Galotti, nicht Emilia!

60 **Marinelli.** Emilia – Emilia Galotti!

Der Prinz. So gibt es noch eine, die beide Namen führt. – Sie sagten ohnedem, eine gewisse Emilia

Galotti – eine gewisse. Von der rechten kann nur ein Narr so sprechen –

65 **Marinelli.** Sie sind außer sich, gnädiger Herr. – Kennen Sie denn diese Emilia?

Der Prinz. Ich habe zu fragen, Marinelli, nicht Er. – Emilia Galotti? Die Tochter des Obersten Galotti, bei Sabionetta?

70 **Marinelli.** Ebendie.

Der Prinz. Die hier in Guastalla mit ihrer Mutter wohnet?

Marinelli. Ebendie.

Der Prinz. Unfern der Kirche Allerheiligen?

75 **Marinelli.** Ebendie.

Der Prinz. Mit einem Worte – *(Indem er nach dem Porträt [von Emilia, das er vom Maler Conti zuvor erworben hat] springt und es dem Marinelli in die Hand gibt.)* Da! – Diese? Diese Emilia Galotti? – Sprich

80 dein verdammtes »Ebendie« noch einmal und stoß mir den Dolch ins Herz!

Marinelli. Ebendie!

Der Prinz. Henker! – Diese? – Diese Emilia Galotti wird heute – –

85 **Marinelli.** Gräfin Appiani! – *(Hier reißt der Prinz dem Marinelli das Bild wieder aus der Hand und wirft es beiseite.)* Die Trauung geschiehet in der Stille, auf dem Landgute des Vaters bei Sabionetta. Gegen Mittag fahren Mutter und Tochter, der Graf und

90 vielleicht ein paar Freunde dahin ab.

Der Prinz *(der sich voll Verzweiflung in einen Stuhl wirft).* So bin ich verloren! – So will ich nicht leben!

Marinelli. Aber was ist Ihnen, gnädiger Herr?

Der Prinz *(der gegen ihn wieder aufspringt).* Verräter! – 95 Was mir ist? – Nun ja, ich liebe sie; ich bete sie an. Mögt ihr es doch wissen! Mögt ihr es doch längst gewusst haben, alle ihr, denen ich der tollen Orsina schimpfliche Fesseln lieber ewig tragen sollte! – Nur dass Sie, Marinelli, der Sie so oft mich Ihrer 100 innigsten Freundschaft versicherten – O ein Fürst hat keinen Freund! Kann keinen Freund haben! –, dass Sie, Sie, so treulos, so hämisch mir bis auf diesen Augenblick die Gefahr verhehlen dürfen, die meiner Liebe drohte: Wenn ich Ihnen jemals 105 das vergebe – so werde mir meiner Sünden keine vergeben!

Marinelli. Ich weiß kaum Worte zu finden, Prinz – wenn Sie mich auch dazu kommen ließen –, Ihnen mein Erstaunen zu bezeigen. – Sie lieben Emilia 110 Galotti! – Schwur dann gegen Schwur: Wenn ich von dieser Liebe das Geringste gewusst, das Geringste vermutet habe, so möge weder Engel noch Heiliger von mir wissen! – Ebendas wollt' ich in die Seele der Orsina schwören. Ihr Verdacht 115 schweift auf einer ganz andern Fährte.

Der Prinz. So verzeihen Sie mir, Marinelli – *(indem er sich ihm in die Arme wirft)* und bedauern Sie mich.

3. Lies den Szenenauszug. Erläutere den Konflikt, der sich hier anbahnt.

_____

_____

_____

4. Markiere mit verschiedenen Farben, was man über den Prinzen, Marinelli, Graf Appiani, Emilia und ihre Eltern in der Szene erfährt.

5. Ordne die Figuren ihrer Lebenswelt zu. Du kannst auch das Personenverzeichnis (S. 52) nutzen.

Adel:

_____

_____

_____

_____

Bürgertum:

_____

_____

_____

6. Beschreibe, wie der Prinz zu Emilia steht und wie er reagiert, als er von der bevorstehenden Hochzeit Emilias mit dem Grafen Appiani erfährt. Belege mithilfe konkreter Textstellen.

_____

_____

_____

_____

_____

7. Charakterisiere die Beziehung zwischen dem Prinzen und Marinelli. Wie wirkt der Prinz, wie Marinelli? Wie gehen beide miteinander um?

_____

_____

_____

_____

_____

_____

_____

8. Erstelle eine Skizze zur Konstellation der folgenden Figuren: Prinz, Marinelli, Graf Appiani, Emilia. Stelle die Hauptfiguren ins Zentrum, verwende Bezugspfeile, Symbole und kurze Kommentare sowie die Begriffe „Protagonist" und „Antagonist".

Die Figuren untersuchen und charakterisieren

Schülerbuch S.149 ■ Figurencharakterisierung

Um eine Dramenfigur zu charakterisieren, solltest du folgende Aspekte berücksichtigen: **äußeres Erscheinungsbild** (z. B. *Aussehen, Kleidung, Mimik, Gestik, Körperhaltung*), **Lebensumstände** (z. B. *familiäre, berufliche, gesellschaftliche Rolle, Beziehungen zu anderen*), **Sprache** (z. B. *Ausdrucksweise, Gesprächsverhalten*), **Verhalten** (z. B. *Tätigkeiten, Handlungsweise, Gewohnheiten, Vorlieben*), das **Innere** der Figur (z. B. *Gedanken und Gefühle, Interessen, Einstellungen, Absichten*) und die **Bedeutung der Figur für die Handlung** (z. B. *Haupt- oder Nebenfigur?*). Eine Figur kann sowohl im **Haupttext** (der Text des Dramas, der gesprochen wird) als auch im **Nebentext** (die nicht gesprochenen Textteile des Dramas, z. B. *Regieanweisungen, Personenverzeichnis*) **direkt** oder **indirekt** charakterisiert werden.

Gotthold Ephraim Lessing: Emilia Galotti (1772)

Der Prinz hat seinen Kammerherrn Marinelli damit beauftragt, die Hochzeit von Emilia und Graf Appiani mit allen Mitteln zu verhindern. Er selbst sucht derweil Emilia in der Kirche auf. Emilias Eltern machen sich Sorgen um ihre Tochter und wundern sich, wo sie so lange bleibt. Emilias Vater Odoardo reagiert sehr verärgert, als seine Frau ihm von einem Gespräch zwischen dem Prinzen und seiner Tochter erzählt. Seine Frau Claudia hingegen schwärmt von dem Prinzen, auch wenn sie weiß, dass er der Feind ihres Mannes ist. Kurz darauf kehrt Emilia endlich zurück.

Zweiter Aufzug, sechster Auftritt

Die Szene: ein Saal in dem Hause der Galotti.

Emilia und Claudia Galotti.

Emilia *(stürzet in einer ängstlichen Verwirrung herein).* Wohl mir! Wohl mir! – Nun bin ich in Sicherheit.
5 Oder ist er mir gar gefolgt? *(Indem sie den Schleier zurückwirft und ihre Mutter erblicket.)* Ist er, meine Mutter? Ist er? Nein, dem Himmel sei Dank!
[…]
Claudia. Ich habe dich in der Kirche geglaubt –
10 **Emilia.** Ebenda! Was ist dem Laster Kirch' und Altar? – Ach, meine Mutter! *(Sich ihr in die Arme werfend.)*
Claudia. Rede, meine Tochter! – Mach meiner Furcht ein Ende. – Was kann dir da, an heiliger
15 Stätte, so Schlimmes begegnet sein?
Emilia. Nie hätte meine Andacht inniger, brünstiger sein sollen als heute: Nie ist sie weniger gewesen, was sie sein sollte.
Claudia. Wir sind Menschen, Emilia. Die Gabe zu
20 beten ist nicht immer in unserer Gewalt. Dem Himmel ist beten wollen auch beten.
Emilia. Und sündigen wollen auch sündigen.
Claudia. Das hat meine Emilia nicht wollen!
Emilia. Nein, meine Mutter; so tief ließ mich die
25 Gnade nicht sinken. – Aber dass fremdes Laster uns, wider unsern Willen, zu Mitschuldigen machen kann!
Claudia. Fasse dich! – Sammle deine Gedanken, soviel dir möglich. – Sag es mir mit eins, was dir
30 geschehen.
Emilia. Eben hatt' ich mich – weiter von dem Altare, als ich sonst pflege – denn ich kam zu spät –, auf meine Knie gelassen. Eben fing ich an, mein Herz zu erheben: als dicht hinter mir etwas sei-
35 nen Platz nahm. So dicht hinter mir! – Ich konnte weder vor noch zur Seite rücken – so gern ich auch wollte; aus Furcht, dass eines andern Andacht mich in meiner stören möchte. – Andacht! Das war das Schlimmste, was ich besorgte. – Aber es
40 währte nicht lange, so hört' ich, ganz nah an meinem Ohre – nach einem tiefen Seufzer – nicht den Namen einer Heiligen – den Namen – zürnen Sie nicht, meine Mutter – den Namen Ihrer Tochter! – Meinen Namen! – O dass laute Donner mich verhindert hätten, mehr zu hören! – Es sprach von
45 Schönheit, von Liebe. – Es klagte, dass dieser Tag, welcher mein Glück mache – wenn er es anders mache – sein Unglück auf immer entscheide. – Es

beschwor mich – hören musst' ich dies alles. Aber ich blickte nicht um; ich wollte tun, als ob ich es nicht hörte. – Was konnt' ich sonst? – Meinen guten Engel bitten, mich mit Taubheit zu schlagen; und wann auch, wenn auch auf immer! – Das bat ich; das war das Einzige, was ich beten konnte. – Endlich ward es Zeit, mich wieder zu erheben. Das heilige Amt ging zu Ende. Ich zitterte, mich umzukehren. Ich zitterte, ihn zu erblicken, der sich den Frevel erlauben dürfen. Und da ich mich umwandte, da ich ihn erblickte –

Claudia. Wen, meine Tochter?

Emilia. Raten Sie, meine Mutter, raten Sie. – Ich glaubte in die Erde zu sinken – ihn selbst.

Claudia. Wen, ihn selbst?

Emilia. Den Prinzen.

Claudia. Den Prinzen! – O gesegnet sei die Ungeduld deines Vaters, der eben hier war und dich nicht erwarten wollte!

Emilia. Mein Vater hier? – Und wollte mich nicht erwarten?

Claudia. Wenn du in deiner Verwirrung auch ihn das hättest hören lassen!

Emilia. Nun, meine Mutter? – Was hätt' er an mir Strafbares finden können?

Claudia. Nichts; ebenso wenig als an mir. Und doch, doch – ha, du kennest deinen Vater nicht! In seinem Zorne hätt' er den unschuldigen Gegenstand des Verbrechens mit dem Verbrecher verwechselt. In seiner Wut hätt' ich ihm geschienen, das veranlasst zu haben, was ich weder verhindern noch vorhersehen können. – Aber weiter, meine Tochter, weiter! Als du den Prinzen erkanntest – Ich will hoffen, dass du deiner mächtig genug warest, ihm in einem Blicke alle die Verachtung zu bezeigen, die er verdient.

Emilia. Das war ich nicht, meine Mutter! Nach dem Blicke, mit dem ich ihn erkannte, hatt' ich nicht das Herz, einen zweiten auf ihn zu richten. Ich floh –

Claudia. Und der Prinz dir nach –

Emilia. Was ich nicht wusste, bis ich in der Halle mich bei der Hand ergriffen fühlte. Und von ihm! Aus Scham musst' ich standhalten: Mich von ihm loszuwinden, würde die Vorbeigehenden zu aufmerksam auf uns gemacht haben. Das war die einzige Überlegung, deren ich fähig war – oder deren ich nun mich wieder erinnere. Er sprach; und ich hab ihm geantwortet. Aber was er sprach, was ich ihm geantwortet – fällt mir es noch bei, so ist es

gut, so will ich es Ihnen sagen, meine Mutter. Jetzt weiß ich von dem allen nichts. Meine Sinne hatten mich verlassen. – Umsonst denk ich nach, wie ich von ihm weg und aus der Halle gekommen. Ich finde mich erst auf der Straße wieder und höre ihn hinter mir herkommen, und höre ihn mit mir zugleich in das Haus treten, mit mir die Treppe hinaufsteigen – –

Claudia. Die Furcht hat ihren besondern Sinn, meine Tochter! Ich werde es nie vergessen, mit welcher Gebärde du hereinstürztest. – Nein, so weit durfte er nicht wagen, dir zu folgen. – Gott! Gott! Wenn dein Vater das wüsste! – Wie wild er schon war, als er nur hörte, dass der Prinz dich jüngst nicht ohne Missfallen gesehen! – Indes, sei ruhig, meine Tochter! Nimm es für einen Traum, was dir begegnet ist. Auch wird es noch weniger Folgen haben als ein Traum. Du entgehest heute mit eins allen Nachstellungen.

Emilia. Aber, nicht, meine Mutter? Der Graf muss das wissen. Ihm muss ich es sagen.

Claudia. Um alle Welt nicht! – Wozu? Warum? Willst du für nichts und wieder für nichts ihn unruhig machen? Und wann er es auch itzt nicht würde: Wisse, mein Kind, dass ein Gift, welches nicht gleich wirket, darum kein minder gefährliches Gift ist. Was auf den Liebhaber keinen Eindruck macht, kann ihn auf den Gemahl machen. Den Liebhaber könnt' es sogar schmeicheln, einem so wichtigen Mitbewerber den Rang abzulaufen. […]

Emilia. Sie wissen, meine Mutter, wie gern ich Ihren bessern Einsichten mich in allem unterwerfe. – Aber, wenn er es von einem andern erführe, dass der Prinz mich heute gesprochen? Würde mein Verschweigen nicht, früh oder spät, seine Unruhe vermehren? – Ich dächte doch, ich behielte lieber vor ihm nichts auf dem Herzen.

Claudia. Schwachheit! Verliebte Schwachheit! – Nein, durchaus nicht, meine Tochter! Sag ihm nichts. Lass ihn nichts merken!

Emilia. Nun ja, meine Mutter! Ich habe keinen Willen gegen den Ihrigen. – Aha! *(Mit einem tiefen Atemzuge.)* Auch wird mir wieder ganz leicht. – Was für ein albernes, furchtsames Ding ich bin! – Nicht, meine Mutter? – Ich hätte mich noch wohl anders dabei nehmen können und würde mir ebenso wenig vergeben haben.

Claudia. Ich wollte dir das nicht sagen, meine Tochter, bevor dir es dein eigner gesunder Verstand sagte. Und ich wusste, er würde dir es sagen, sobald

150 du wieder zu dir selbst gekommen. – Der Prinz ist galant. Du bist die unbedeutende Sprache der Galanterie zu wenig gewohnt. Eine Höflichkeit wird in ihr zur Empfindung, eine Schmeichelei zur Beteurung, ein Einfall zum Wunsche, ein Wunsch zum Vorsatze. Nichts klingt in dieser Sprache wie 155 alles, und alles ist in ihr so viel als nichts.

Emilia. O meine Mutter! – So müsste ich mir mit meiner Furcht vollends lächerlich vorkommen! – Nun soll er gewiss nichts davon erfahren, mein guter Appiani! Er könnte mich leicht für mehr eitel als tugendhaft halten. – Hui! Dass er da selbst 160 kömmt! Es ist sein Gang.

1. 📖 Lies die vorliegende Szene und fasse den Inhalt mit eigenen Worten zusammen. Arbeite im Heft.

2. Markiere mit unterschiedlichen Farben direkte und indirekte Charakterisierungen zur Figur Emilias im Haupt- und Nebentext des Szenenausschnitts.

3. Liste Merkmale der Figur Emilia in der Tabelle auf, zu denen dir der Text Auskunft gibt. Fasse unten die entscheidenden Charakterzüge der Figur Emilia in wenigen Sätzen zusammen.

Merkmale	Emilia
Lebensumstände: soziale Rolle, Beziehungen zu anderen …	
Äußeres Erscheinungsbild	
Charakter (Inneres)	
Verhalten: Tätigkeiten, Gewohnheiten, Vorlieben …	
Einstellungen: Urteile über andere Menschen, …	
Sprache: Ausdrucksweise, Gesprächsverhalten	
Bedeutung für die Handlung	

Emilia Galotti ist _____

_____

_____

_____

_____

4. 📖 Beschreibe, wie Claudia Galotti und der Prinz in dem Textausschnitt charakterisiert werden. Nutze sowohl direkte Aussagen als auch indirekte Hinweise. Arbeite im Heft.

5. 📖 Beschreibe und beurteile das Verhältnis von Mutter Claudia und Tochter Emilia. Arbeite im Heft.

Training interaktiv Dramatische Texte p8n47s

Das kannst du jetzt! ☆

Gotthold Ephraim Lessing: Emilia Galotti (1772, Ende)

Marinelli hat einen Überfall auf den Grafen Appiani organisiert, der unplanmäßig mit dessen Tod endet. Als der Prinz davon erfährt, ist er schockiert und befürchtet, dass er des Mordes an Appiani verdächtigt wird. Emilia wird auf das Lustschloss des Prinzen geführt. Durch Zufall treffen dort auch Emilias aufgebrachter Vater Odoardo und die Gräfin Orsina aufeinander. Orsina kennt die wahren Todesumstände Appianis und berichtet Odoardo davon. Dieser ist darüber so aufgebracht, dass er mit einem Dolch aus der Hand Orsinas Rache nehmen will. Doch dann kommt alles ganz anders. Odoardo begegnet seiner Tochter auf dem Schloss und Emilia erklärt ihm, dass sie nicht mehr weiterleben möchte.

Fünfter Aufzug, achter Auftritt

Die Szene: ein Vorsaal auf dem Lustschlosse des Prinzen.

Der Prinz. Marinelli. Die Vorigen.

Der Prinz *(im Hereintreten)*. Was ist das? – Ist Emilien nicht wohl?

5 **Odoardo.** Sehr wohl, sehr wohl!

Der Prinz *(indem er näher kömmt)*. Was seh ich? – Entsetzen!

Marinelli. Weh mir!

Der Prinz. Grausamer Vater, was haben Sie getan!

10 **Odoardo.** Eine Rose gebrochen, ehe der Sturm sie entblättert. – War es nicht so, meine Tochter?

Emilia. Nicht Sie, mein Vater. – Ich selbst – ich selbst –

Odoardo. Nicht du, meine Tochter – nicht du! –
15 Gehe mit keiner Unwahrheit aus der Welt. Nicht du, meine Tochter! Dein Vater, dein unglücklicher Vater!

Emilia. Ah – mein Vater. – *(Sie stirbt, und er legt sie sanft auf den Boden.)*

20 **Odoardo.** Zieh hin! – Nun da, Prinz! Gefällt sie Ihnen noch? Reizt sie noch Ihre Lüste? Noch, in diesem Blute, das wider Sie um Rache schreiet? *(Nach einer Pause.)* Aber Sie erwarten, wo das alles hinaus soll? Sie erwarten vielleicht, dass ich den Stahl wider mich selbst kehren werde, um meine 25 Tat wie eine schale Tragödie zu beschließen? Sie irren sich. Hier! *(Indem er ihm den Dolch vor die Füße wirft.)* Hier liegt er, der blutige Zeuge meines Verbrechens! Ich gehe und liefere mich selbst in das Gefängnis. Ich gehe und erwarte Sie als Richter – 30 Und dann dort – erwarte ich Sie vor dem Richter unser aller!

Der Prinz *(nach einigem Stillschweigen, unter welchem er den Körper mit Entsetzen und Verzweiflung betrachtet, zu Marinelli)*. Hier! Heb ihn auf. – Nun? Du be- 35 denkst dich? – Elender! – *(Indem er ihm den Dolch aus der Hand reißt.)* Nein, dein Blut soll mit diesem Blute sich nicht mischen. – Geh, dich auf ewig zu verbergen! – Geh! Sag ich. – Gott! Gott! – Ist es, zum Unglücke so mancher, nicht genug, dass 40 Fürsten Menschen sind: Müssen sich auch noch Teufel in ihren Freund verstellen?

---

1. 📖 Untersuche in der vorliegenden Szene die Beziehungen zwischen Emilia und dem Vater und zwischen dem Prinzen und Marinelli. Erläutere, wie die Figuren am Ende des Dramas zueinander stehen. Arbeite im Heft.

2. Überlege, welches Motiv Odoardo Galotti haben könnte, seine Tochter Emilia zu ermorden.

3. 📖 Erkläre die Bedeutung der folgenden Textstellen. Arbeite im Heft.

a) „Eine Rose gebrochen, ehe der Sturm sie entblättert." (Z. 10 f.)
b) „Nein, dein Blut soll mit diesem Blute sich nicht mischen." (Z. 37 f.)

⊙ EXTRA: Üben

1. Setze die richtigen Fachbegriffe zur Figurenkonstellation ein. Nutze die Vorgaben.

Wer bin ich?

Ich bin der oft negativ dargestellte Gegenspieler: _____

Ich spiele eine untergeordnete Rolle für die zentrale Handlung: _____

Wir spielen gegensätzliche Rollen, haben gegensätzliche Merkmale: _____

Wir sind entscheidend für die Entwicklung der Handlung: _____

Wir haben gemeinsame Merkmale und entsprechen einander: _____

Ich bin die Hauptfigur, der Held: _____

> Antagonist
> Hauptfiguren
> Protagonist
> Korrespondenzfiguren
> Kontrastfiguren
> Nebenfigur

2. Für die Charakterisierung einer Figur sind verschiedene Merkmale von Bedeutung. Ordne den Merkmalen auf der linken Seite die entsprechenden Unterbegriffe auf der rechten Seite zu. Orientiere dich an dem Beispiel.

Merkmale	Unterbegriffe
Äußeres Erscheinungsbild	Haupt- oder Nebenfigur
Bedeutung für die Handlung	Aussehen, Kleidung, Mimik, Gestik, Körperhaltung
Inneres der Figur	Tätigkeiten, Handlungsweise, Gewohnheiten, Vorlieben
Lebensumstände	Ausdrucksweise, Gesprächsverhalten
Sprache	Gedanken und Gefühle, Interessen, Einstellungen, Absichten
Verhalten der Figur	familiäre, berufliche, gesellschaftliche Rolle; Beziehungen zu anderen

(Äußeres Erscheinungsbild — verbunden mit — Aussehen, Kleidung, Mimik, Gestik, Körperhaltung)

3. Lies den Text laut und setze die auf die hervorgehobenen Präpositionen folgenden Wortgruppen im richtigen Kasus ein. Nutze die Vorgaben. Orientiere dich an dem Beispiel.

Hettore Gonzaga, Prinz von Guastalla, hat **seit** _seiner ersten Begegnung_ **mit** _____

Emilia Galotti den Wunsch, sie zu besitzen. Als der Prinz von Emilias unmittelbar bevorstehender

Hochzeit **mit** _____ erfährt, gibt er seinem intriganten

Kammerherrn Marinelli freie Hand, alles zu tun, um die Hochzeit zu verhindern. Marinelli lässt das

Paar **auf** _____ zur Trauung **von** _____ überfallen und Appiani ermorden. Emilia und ihre Mutter Claudia werden auf das in der Nähe gelegene Lustschloss des Prinzen **in** _____ gebracht. Im Gegensatz **zu** _____ erkennt Emilia die wahren Zusammenhänge der Intrige nicht. Die Gräfin Orsina, die ehemalige Geliebte des Prinzen, kommt **auf** _____. Aus Enttäuschung über die barsche Abfuhr **durch** _____ möchte sie den ebenfalls anwesenden Odoardo, den Vater Emilias, dazu bringen, Appiani zu rächen. Odoardo zögert jedoch und will zunächst Gott **über** _____ richten lassen. Emilia, die **infolge** _____ Marinellis **in** _____ des Prinzen bleiben soll – Appianis Fall müsste erst noch gerichtlich untersucht werden –, provoziert ihren Vater, sie zu ermorden, weil sie fürchtet, den Verführungen des Prinzen nicht standhalten zu können. Der Vater tötet sie **mit** _____ der Orsina und ist sogleich erschüttert darüber, dass er **zu** _____ fähig war. Am Ende stellt sich Odoardo der Gerichtsbarkeit des Prinzen. Dieser hält Marinelli für schuldig **an** _____ und verbannt ihn **von** _____.

seine erste Begegnung ihre Mutter die Obhut der Dolch

das bürgerliche Mädchen das Schloss der Graf Appiani eine solche Tat

der Weg der Prinz Gonzaga der Prinz die Intrige sein Hof

bezahlte Verbrecher scheinbare Sicherheit die Katastrophe

4. Lies den folgenden Ausschnitt aus einer Schülerinterpretation zu „Emilia Galotti" und berichtige ihn (fünf Rechtschreibfehler, zwei Zeichensetzungsfehler, zwei Grammatikfehler und drei Ausdrucksfehler). Arbeite im Heft.

Emilia Galotti, Lessings bürgerliches Trauerspiel, wurde 1772 geschrieben. Es ist eine tragische Mischung aus Leidenschaften, Zuvällen und fehlgeleiteten Infos. In „Emilia Galotti" treffen Bürgertum und Adlige auf einander. Dadurch werden die Unstimmigkeiten erkennbar die zwischen der beiden Klassen bestehen. Das Drama zeigt die bürgerliche Lebenswelt in Auseinandersetzung mit der Prinzenwelt. Das negative Bild des willkürlichen Machtmißbrauchs (durch den Prinzen) und die darin erkennbare Kritik am Absolutismus erscheint sehr eindeutig. Aber auch vor der Kritik am Bürgertum macht der Lessing nicht Halt. Er kritisiert dass der Öffentlichkeit abgekehrte bürgerliche Ideal der Privatheit (Weltflucht). „Emilia Galotti" ist ein Politisch-gesellschaftskritisches Drama.

⊖ Verknüpfungen in Texten erkennen und herstellen

Schülerbuch S. 204 ■ Textverknüpfung

Ein **zusammenhängender Text** entsteht, wenn du einzelne Sätze miteinander verknüpfst. Nutze dafür **Konjunktionen** (z. B. *und, weil, bevor, …*), **Adverbien** (z. B. *daher, damit, infolgedessen, …*) oder **Pronomen** (z. B. *diese, jene, ihre, sein, er …*). Die Art der Verknüpfung hängt auch von **Textsorte** und **Textfunktion** ab. Das **Thema** eines Textes entfaltet sich vor allem durch die Verwendung von Wörtern eines **Wortfeldes** (z. B. *Auto, Rad, fahren, …*) oder einer **Wortfamilie** (z. B. _fahren_, _Fahrrad_, _Fahrer_, …).

Was im Dezember 2010 in Tunesien begann, breitete sich bald wie ein Flächenbrand über viele Länder Nordafrikas und des Nahen Ostens aus. Proteste, Aufstände und Rebellionen erschütterten die autokratischen Systeme der Region. In Ägypten und Tunesien jagten die Aufständischen die Herrscher aus dem Amt. Libyen verfiel in einen Bürgerkrieg, dessen Verlauf das Eingreifen der NATO entscheidend beeinflusste. Syrien befindet sich in einer Pattsituation, die verlustreichen Auseinandersetzungen zwischen Regierung und Opposition gehen weiter. In anderen Ländern wie Marokko und Jordanien haben die Regime auf die sozialen Proteste reagiert und so ihren Status quo zumindest kurzfristig stabilisiert. Der Arabische Frühling ist eine historische Zäsur in der Region – mit weitreichenden Folgen in politischer, wirtschaftlicher und geostrategischer Hinsicht.

nach Muriel Asseburg: Die historische Zäsur des Arabischen Frühlings (2011)

Über Jahrzehnte galten der Nahe/Mittlere Osten und Nordafrika als Konfliktregion und die arabischen Regime als autoritär und korrupt. Zugleich zeigten sich diese Regime aber als überwiegend stabil und anpassungsfähig. Symbolisiert wurde diese vermeintliche Stabilität durch Herrscher, die seit 20, 30 oder gar 40 Jahren an der Macht waren, wie Präsident Zine el-Abidine Ben Ali in Tune-
5 sien, Präsident Husni Mubarak in Ägypten oder Revolutionsführer Muammar al-Gaddafi in Libyen. Zudem war das Bild der arabischen Welt geprägt von dynastischen Erbfolgen. Diese wurden nicht nur in den Monarchien der Region praktiziert – etwa in Marokko, Jordanien und Saudi-Arabien –, sondern auch im Präsidialsystem Syriens im Jahr 2000. Gerüchte über eine bevorstehende innerfamiliäre Machtübergabe (konkrete Hinweise darauf) gab es auch in Ägypten, Libyen und im Jemen.

10 Dieses Bild begann sich schlagartig zu verändern, als Mitte Dezember 2010 in Tunesien, einem der repressivsten arabischen Staaten, die Verkrustung aufbrach. Im zentral-tunesischen Sidi Bouzid verbrannte sich der Gemüsehändler Mohamed Bouazizi, weil er keine Lebensperspektive mehr für sich sah. Seinem Fanal folgten Massenproteste, die von der Jugend der Mittelschicht initiiert und von breiten Teilen der Zivilgesellschaft mitgetragen wurden, vor allem von Gewerkschaften und Berufs-
15 vereinigungen. Tunesiens Regime versuchte, die Proteste mit massiver Gewalt niederzuschlagen. Doch als sich führende Militärs weigerten, bei der blutigen Unterdrückung mitzuwirken und sich auf Seite der Demonstrierenden stellten, brach die Diktatur erstaunlich schnell zusammen. Ben Ali floh Mitte Januar 2011 aus dem Land. Der rasche Erfolg der Revolten – zunächst in Tunesien, dann in Ägypten, wo sich Präsident Mubarak einen knappen Monat später gezwungen sah zurückzutre-
20 ten – ermutigte junge Menschen in nahezu allen arabischen Ländern, den Unmut über ihre Lebensbedingungen auf die Straße zu tragen und nicht länger vor der staatlichen Repression zurückzuschrecken. Im Laufe des Jahres 2011 kam es so vor dem Hintergrund vergleichbarer Missstände in

fast allen arabischen Ländern zu Protesten und Massendemonstrationen. Selbst außerhalb der
arabischen Welt, etwa in China oder im Iran, fanden die Protestierenden Nachahmer bzw. stieß ihr Vorbild dort erneute Demonstrationen an.

Vor allem elektronische Medien, Mobiltelefone und soziale (Online-)Netzwerke befördern und verstärken die Proteste und tragen sie über Landesgrenzen hinweg. Dabei ist insbesondere der katarische Satellitensender Al Jazeera bedeutend. Eine wichtige Funktion haben auch mit Handy-Kameras aufgenommene Bilder – sie sorgen dafür, dass die Proteste an der Zensur vorbei dokumentiert und über Satellitensender oder Internet in die Wohnzimmer der Region und der Welt getragen werden.

Auch wenn die konkreten Forderungen von Land zu Land variieren, haben die Proteste in den arabischen Ländern doch eines gemein: Stets verbinden sie soziale, wirtschaftliche und politische Anliegen. Fortschritte in allen drei Bereichen werden als unabdingbar angesehen, damit „ein Leben in Würde" möglich ist.

In erster Linie geht es den Protestierenden um bessere Lebensbedingungen und mehr Teilhabe an Wachstum und Entwicklung. Denn obwohl die arabischen Volkswirtschaften in den letzten Jahren mit wenigen Ausnahmen fast durchweg moderate oder sogar hohe Wachstumsraten verzeichnen konnten, ist es ihnen nicht gelungen, ausreichende Beschäftigungsmöglichkeiten zu schaffen. Dabei stehen alle Staaten vor der Herausforderung, ihre nach wie vor schnell wachsende, junge Bevölkerung in den Arbeitsmarkt zu integrieren. Schon die Arab Human Development Reports 2002–2009 wiesen darauf hin, dass es in den meisten Staaten der Region nicht gelungen ist, soziale Ungleichheit abzubauen und die menschliche Entwicklung entscheidend voranzubringen. So gibt es nach wie vor arabische Staaten mit erschreckend hoher Armut, niedrigen Alphabetisierungsraten und einem geringen Bildungsniveau. […]

Die Protestierenden verknüpfen ihre sozioökonomischen mit politischen Forderungen. Denn Fortschritte im ersten Bereich halten sie nur dann für möglich, wenn Korruption und Vetternwirtschaft bekämpft, die Möglichkeiten politischer Beteiligung ausgeweitet und Gewaltenteilung, Rechtsstaatlichkeit und Kontrolle der Regierenden eingeführt werden. Zu ihren Forderungen gehört auch, der weitverbreiteten Willkür und Gewalt von Polizeiapparaten und Geheimdiensten Einhalt zu gebieten.

[…] Im globalen Vergleich schnitt diese Region insgesamt am schlechtesten ab, was den Status politischer Rechte und bürgerlicher Freiheiten betrifft. […]

Je nach Landeskontext ergeben sich […] unterschiedliche konkrete Forderungen. Dabei reicht das Spektrum von einem Ende ethnischer oder konfessionell begründeter Diskriminierung in den Vielvölkerstaaten der Region über die Erweiterung parlamentarischer Mitspracherechte bzw. einer konstitutionellen Beschränkung von Monarchien bis hin zur vollständigen Beseitigung der Regime durch einen fundamentalen Umsturz der politischen Ordnung. Als Muster zeigte sich schnell, dass sich die Forderungen der Protestierenden immer dann radikalisierten, wenn die Regime mit Gewalt – etwa mit Scharfschützen – gegen Demonstranten vorgingen. […]

Nach dem Abtreten des alten Führungspersonals und dem Einstieg in einen Transformationsprozess in Tunesien und in Ägypten rüsteten sich andere arabische Herrscher, um an der Macht zu bleiben. Dazu ergriffen sie einerseits Maßnahmen, um den sozio-ökonomischen Forderungen entgegenzu-

70 kommen, wie die Erhöhung von Subventionen für Grundnahrungsmittel und Heizöl, Beschäftigungszusagen und Gehaltserhöhungen im öffentlichen Sektor etc. Andererseits zeichneten sich drei Hauptansätze ab, mit denen die Regime den Reformforderungen begegneten: erstens die Einleitung eines umfassenden Reformprozesses (etwa Verfassungsreformen in Marokko und Jordanien), die die Macht des Herrschers allerdings kaum tangieren; zweitens die gewaltsame
75 Unterdrückung der Proteste (Libyen, Bahrain, Jemen, Syrien), die in Libyen zum Bürgerkrieg führte; und drittens Repression, minimale Reformen und umfangreiche Geldgeschenke, um den Status quo zu erhalten (Saudi-Arabien).

Damit haben die Proteste, Aufstände und Revolten auch unterhalb der Schwelle eines Regimewechsels bereits deutliche Auswirkungen auf die arabischen Herrschaftssysteme. […]
80 In ihrer jetzigen Form werden die Regime daher keinen Bestand haben. Insofern ist der Arabische Frühling eine historische Zäsur.

1. Lies den Text über den Arabischen Frühling und markiere sprachliche Mittel (Konjunktionen, Pronomen, Wiederholungen), die zur Verknüpfung der einzelnen Sätze beitragen.

2. Suche aus dem Text sinnverwandte und stammverwandte Wörter heraus und ordne sie zu Wortfeldern und Wortfamilien. Prüfe, ob es besonders stark ausgebaute Wortfelder gibt, und überlege, welche Bedeutung sie für das Textthema haben. Arbeite im Heft.

3. Schreibe passende Zwischenüberschriften für die Abschnitte Z. 10–37 und Z. 38–57 auf die dafür vorgesehenen Zeilen.

4. Ergänze in den folgenden Sätzen entweder eine passende Konjunktion oder ein treffendes Adverb, um die Teilsätze besser miteinander zu verknüpfen. Nutze die Vorgaben. Orientiere dich an dem Beispiel.

| während | obwohl | ~~nämlich~~ | währenddessen | trotzdem |
| ~~denn~~ | aber | wobei | letztlich | immerhin | jedoch |

a) Arabische Jugendliche sind mittlerweile* optimistisch, 74 Prozent sagen, ihre „besten Tage" liegen noch vor ihnen.

Arabische Jugendliche sind mittlerweile optimistisch, <u>denn</u> 74 Prozent sagen, ihre „besten Tage" liegen noch vor ihnen.

Arabische Jugendliche sind mittlerweile optimistisch, 74 Prozent sagen <u>nämlich</u>, ihre „besten Tage" liegen noch vor ihnen.

b) 62 Prozent sind über die steigenden Lebenshaltungskosten sehr besorgt, 44 Prozent fürchten sich vor „gesellschaftlichen Unruhen".

_____

_____

_____

_____

c) 31 Prozent würden am liebsten in den Vereinigten Arabischen Emiraten leben, nach Frankreich zieht es nur 18 Prozent.

d) Die Bedeutung sozialer Medien stieg von null auf 28 Prozent, 24 Prozent lesen noch Zeitung.

* Die Sätze stammen aus einer Studie von 2013.

5. Lies den folgenden Textauszug. Markiere Mittel zur Satzverknüpfung und erläutere die Art der Verknüpfung, indem du dich auf die Sorte und Funktion des Textes beziehst.

Bernhard Zand: Welt aus den Fugen
(2011, Auszug aus einem Aufsatz für die Bundeszentrale für politische Bildung)

[…] im Februar wurde Präsident Husni Mubarak* zum Rücktritt getrieben, von seinem eigenen Volk; fast drei Jahrzehnte lang hatte er am Ende regiert, fast zwei Drittel der Ägypter erlebten nie einen anderen Staatschef als dem Mann, den sie „Pharao" nannten. Er zog sich mit seiner Familie in ein Refugium auf den Sinai zurück. Hier, im milden Klima des Badeortes, wollte er seine letzten
5 Tage verbringen. Zwei Monate lang, einen Wimpernschlag gemessen an seiner Amtszeit, hat das Volk dies geduldet. Aber dann zog es wieder auf den Tahrir-Platz und verlangte, dass der abgesetzte Präsident zur Rechenschaft gezogen wird. Die vom Militär kontrollierte Übergangsregierung folgte dem Willen der Demonstranten: Mubarak wurde festgesetzt und verhört, die Söhne landeten im Tora-Gefängnis vor den Toren von Kairo. […]

* Husni Mubarak war von 1981–2011 Staatspräsident von Ägypten.

6. Lies den folgenden Textauszug und erschließe die Bedeutung der hervorgehobenen Begriffe. Ordne sie den Worterklärungen am Rand zu. Orientiere dich an dem Beispiel.

nach Alexander Erich: Kinder und Jugendliche im Nahen Osten und in Nordafrika (2008, Auszug)

Benachteiligung von Mädchen und jungen Frauen

Zwischen 1981 und 2006 **ratifizierten** 16 von 19 Ländern die **Konvention** zur Abschaffung der **Diskriminierung** gegenüber Frauen [...]. Junge Frauen sind [aber] in der Region weiterhin hinsichtlich ihres **Rechtsstatus**, ihrer

5 Berufsbildung und Erwerbstätigkeit, ihres Einkommens und ihrer sozialen Stellung gegenüber ihren männlichen Altersgenossen benachteiligt. [...] Die Aufrechterhaltung des Ansehens der Familie und der weiblichen **Sittsamkeit** werden als Aufgabe der männlichen Familienoberhäupter

10 angesehen. Dadurch werden die **Handlungsoptionen** von Mädchen und jungen Frauen und die ihr weiteres Leben prägenden Entscheidungen bedeutend von männlichen Familienmitgliedern beeinflusst.
[...] Trotz des verbesserten Bildungsniveaus sind junge

15 Frauen in besonderem Maße von der schwierigen Arbeitsmarktsituation betroffen. Bei gleicher **Qualifikation** und Berufserfahrung ist das Einkommen von Frauen wesentlich geringer als das von Männern. Zudem ist der Anteil junger Frauen an der **Erwerbsbevölkerung** mit 24 % nur halb

20 so hoch wie der Anteil ihrer männlichen Altersgenossen. Insbesondere für verheiratete junge Frauen stellt sich der Zugang zum Arbeitsmarkt sehr schwer dar. Die Schwangerschaft, das Aufziehen der Kinder und das durch die Ehe [...] ungleiche Geschlechterverhältnis sind zentrale Gründe

25 für ihre geringe **Beschäftigungsquote**.

sich an Regeln der Gesellschaft halten

Ausbildung

~~unterzeichnen, zustimmen~~

Anteil der arbeitenden Bürger eines Landes an der Gesamtbevölkerung

ungerechte Behandlung

Bürger eines Landes, die einer Arbeit nachgehen

Möglichkeiten zum Handeln

Vereinbarung zwischen Ländern

Lage, in die einen das Recht des eigenen Landes versetzt

ratifizierten: unterzeichnen, zustimmen; _____

_____

_____

_____

_____

_____

7. Markiere weitere Schlüsselwörter im Text und führe sie zu Wortfeldern zusammen. Arbeite im Heft.

8. Schreibe mithilfe der Wortfelder eine Zusammenfassung des Textes. Arbeite im Heft.

Satzstrukturen und ihre Wirkung untersuchen

Schülerbuch S. 209 ■ Satzstrukturen

Die Änderung der **Satzgliedstellung** macht einen Text **abwechslungsreicher** und kann auch die **Aussageabsicht verstärken**.

1948	*brach*	*Krieg*	*aus*	*in Palästina.*
Krieg	*brach*	*in Palästina*	*aus*	*1948.*
In Palästina	*brach*	*1948 Krieg*	*aus.*	*—*
Vorfeld	**linke Satzklammer**	Mittelfeld	**rechte Satzklammer**	Nachfeld

Steht ein Satzglied im **Vor-** oder **Nachfeld**, wird es besonders **hervorgehoben**. Zudem leisten Vor- und Nachfeld einen wichtigen Beitrag zur **Verknüpfung** von Sätzen. Das Verschieben eines Satzgliedes ins **Nachfeld** kann die **Verständlichkeit** erleichtern. Daher stehen oft Nebensätze im Nachfeld.

1. Bestimme die Satzglieder des folgenden Satzes und schreibe sie darunter.

Der Palästinakrieg   wurde   1949   durch ein Abkommen   beendet.

_____   _____   _____   _____   _____

2. Erprobe verschiedene Satzgliedstellungen, indem du die Tabelle ausfüllst. Überlege, wie sich die Aussageabsicht des Satzes dadurch verändert. Orientiere dich an dem Beispiel.

Der Palästinakrieg wurde 1949 durch ein Abkommen beendet.

Vorfeld	Linke Satzklammer	Mittelfeld	Rechte Satzklammer	Nachfeld
1949	*wurde*	*der Palästinakrieg durch ein Abkommen*	*beendet.*	
Änderung der Aussageabsicht: *Die Betonung liegt auf dem Jahr, in dem der Krieg beendet wurde.*				
Änderung der Aussageabsicht:				
Änderung der Aussageabsicht:				
Änderung der Aussageabsicht:				

3. Kreuze die richtigen Aussagen an. Nutze auch deine Sätze aus Aufgabe 2 (S. 67).

☐ Im Vorfeld können mehrere Satzglieder stehen.

☐ Was am Anfang des Satzes steht, befindet sich immer im Vorfeld.

☐ Steht ein Satzglied im Vorfeld, wird es besonders betont.

☐ Die Abfolge der Satzglieder im Mittelfeld ist genau festgelegt.

☐ Wenn das Vorfeld nicht besetzt ist, wird aus einem Aussagesatz eine Frage.

☐ Das Prädikat steht niemals im Vorfeld.

☐ Im Nachfeld kann auch das Subjekt des Satzes stehen.

Seit der Gründung Israels 1948 befindet sich das Land in einer Auseinandersetzung mit den Palästinensern. Der sogenannte Nahostkonflikt führt immer wieder zu gewaltsamen Auseinandersetzungen.

A Spätestens seit 1948 besteht zwischen Israelis und Palästinensern kein dauerhafter Frieden mehr. Beinahe täglich gibt es durch Raketen, Granaten und Bomben Tote und Verletzte. Bis zum heutigen Tag haben schon mehr als 10.000 Menschen den Konflikt mit ihrem Leben bezahlt. Erfolglos haben sich sowohl Parteien, Regierungen und Politiker als auch internationale Institutionen wie die UNO um eine Lösung im Nahen Osten bemüht – und das nun schon mehr als 60 Jahre lang.

B Zwischen Israelis und Palästinensern besteht spätestens seit 1948 kein dauerhafter Frieden mehr. Tote und Verletzte gibt es durch Raketen, Granaten und Bomben beinahe täglich. Schon mehr als 10.000 Menschen haben bis zum heutigen Tag den Konflikt mit ihrem Leben bezahlt. Um eine Lösung im Nahen Osten haben sich über 60 Jahre lang viele bemüht – und zwar sowohl Parteien, Regierungen und Politiker als auch internationale Institutionen wie die UNO.

4. Markiere in jedem der beiden Texte Vorfeld und Nachfeld der einzelnen Sätze. Achte darauf, dass das Nachfeld nicht immer besetzt ist.

5. Erläutere anhand deiner Markierungen, welcher Aspekt des Konflikts in dem jeweiligen Text hervorgehoben werden soll.

Text A:

_____

_____

_____

Text B:

_____

_____

_____

Das kannst du jetzt! ☆

⊕ **Training**
interaktiv
Grammatik und Stil
yp554q

„Wisst ihr, dieses Land ekelt mich an, obwohl ich es liebe." Tamer aus Gaza

Die Gaza–Monologe*

31 Jungen und Mädchen im Alter zwischen 13 und 17 Jahren haben dieses Stück geschrieben, doch keiner von ihnen wird zur Aufführung ihrer Texte kommen können. Sie alle leben im Gazastreifen,
5 jener Krisenregion zwischen Israel und Ägypten, deren Einwohner seit Jahrzehnten unter der anhaltenden Abriegelung leiden. Die Jugendlichen haben ihre Gedanken und Gefühle in Monologen niedergeschrieben. Sie schildern ihr Leben und ihre Träume während des Krieges. Sie beschreiben das Gefühl der Angst und wie sie akzeptieren, dass sie schon im nächsten Augenblick tot sein könnten. Da die Jugendlichen den Gazastreifen nicht
10 verlassen können, bat das Ashtar Theatre Ramallah über 40 Theater auf allen Kontinenten, diese Texte aufzuführen. 2010 kamen schließlich 22 junge Schauspieler aus 18 Ländern nach New York, um „Die Gaza–Monologe" in 13 Sprachen zu präsentieren.

*Theaterstücke nach Texten von Jugendlichen aus dem Gazastreifen, entstanden 2010 nach dem Gazakrieg

1. Lies den Text über die Gaza-Monologe. Bestimme in der Tabelle die Wortart der markierten Wörter und vermerke ihre Funktion im Text.

	Wortart	Funktion
ihnen		
jener		
deren		
Sie (2x)		
diese		
schließlich		

2. Forme den unterstrichenen Satz so um, dass das Vorfeld anders besetzt wird. Erprobe zwei Möglichkeiten und beschreibe, wie sich die Aussageabsicht verändert.

(1) _____

_____

(2) _____

_____

3. Informiere dich über die Gaza-Monologe und die Situation in der Region und schreibe selbst einen solchen Monolog aus der Sicht eines Jugendlichen in Gaza. Achte auf die Textgestaltung durch Verknüpfungen und eine gezielte Stellung der Satzglieder. Arbeite im Heft.

○ **EXTRA: Üben**

nach Martina Doering: Der Alkohol kommt mit dem Taxi (2000, Auszug)

[...] Elham und Faeed, beide Mitte 20, sind nicht verheiratet. Trotzdem holt Faeed seine Freundin nach <u>der</u> Arbeit vom Büro ab. Wenn <u>die</u> beiden von den <u>Basidji</u>, den „<u>jungen</u> Freiwilligen", aufgegriffen würden, die <u>für</u> die <u>Einhaltung</u> der islamischen Moral sorgen sollen, hätten sie Peitschenhiebe zu erwarten. <u>Denn</u> Pärchen dürfen sich in der Öffentlichkeit nur <u>zeigen</u>, wenn sie
5 <u>miteinander</u> verwandt sind. Elham und Faeed kümmern sich weder um diese, noch um viele andere Vorschriften der <u>islamischen</u> Republik Iran. Elham hat <u>zwar</u> ein Kopftuch umgebunden, <u>aber</u> es <u>sitzt</u> so knapp, dass Elhams Haare <u>noch</u> zu sehen sind. <u>Von</u> Faeeds T-Shirt lächelt <u>ein</u> ausgebleichter Leonardo DiCaprio, Jeans und Schuhe <u>sind</u> aus den USA. Und ziemlich <u>deutlich</u> geben beide zu verstehen, <u>dass</u> sie nicht nur <u>Händchen</u> halten, wenn sie allein sind. [...]

1. Lies den Auszug aus einem Zeitungsartikel und bestimme die Wortart der unterstrichenen Wörter. Trage sie richtig in die Tabelle ein.

Substantiv	Verb	Adjektiv	Konjunktion	Artikel	Adverb	Präposition

2. Verbinde die Bausteine zu sinnvollen Sätzen über die Republik Iran und schreibe sie auf. Achte auf die richtigen Verknüpfungen und auf die Kommasetzung. Orientiere dich an dem Beispiel.

Die Teehäuser sind ein kleines Stück alltäglicher Freiheit

Es gibt keine Alltäglichkeit in einem Land

Unverheiratete Pärchen rücken ein Stück auseinander

Immer wieder passiert es Mädchen

sobald

in dem

dass

das

sich Polizisten oder Vertreter der Revolutionsgarden nähern.

die Behörden das Leben überall kritisch verfolgen.

sie von den Sittenwächtern verprügelt werden.

sich junge Iraner geschaffen haben.

Die Teehäuser sind ein kleines Stück alltäglicher Freiheit, das sich junge Iraner geschaffen haben.

3. Lies den folgenden Auszug aus einem Zeitungsartikel und ergänze die fehlenden Wörter, die eine Verknüpfung zwischen den Sätzen herstellen. Nutze die Vorgaben.

nach Julia Gerlach: Saudi-Arabien erlaubt Kinos (2014, Auszug)

Veränderungen kommen in Saudi Arabien nie über Nacht. Oft beginnen _____ mit Gerüchten, _____ dann diskutiert und kommentiert werden. Ist die Reaktion mehr-
5 heitlich positiv, wagt man den nächsten Schritt. _____ ist es auch jetzt wieder. Im Sommer tauchten erste Berichte auf: Ein reicher Geschäftsmann habe bei der Investitionsbehörde ganz offiziell den Antrag gestellt: Er wolle in
10 Kinos investieren. _____ sorgte natürlich für Aufsehen, denn Kinos sind in dem streng islamischen Staat offiziell verboten, aus moralischen Gründen. […] Zuletzt aber bröckelte der Widerstand […] gegen das Kino. Mehrere angesehene Scheichs veröffentlichten Stellungnah-
15 men, _____ sich als Zustimmung zur Einrichtung von Kinos verstehen ließen. _____ wiederum wurde […] vor allem auch auf Facebook diskutiert. Vonseiten der Religiösen gab es zwar Kritik, aber _____ fiel schwächer aus als noch vor Jahren und so verdichteten sich die Gerüchte, dass möglicherweise demnächst eine Entscheidung in der Kinofrage fallen könnte. Am Wochenende wurde _____ dann offiziell bekannt gegeben: „Grünes Licht für Kinos", titelte die regierungs-
20 nahe Zeitung „Arab News" in _____ gestrigen Ausgabe. […]

| sie | die | diese | das | dies | ihrer | diese | die | so |

4. Leite von folgenden Fremdwörtern aus dem Text verwandte Wörter ab. Orientiere dich an dem Beispiel.

diskutieren *Diskussion, Diskutierende* _____

kommentieren _____

investieren _____

Kritik _____

5. Bilde jeweils aus den folgenden Sätzen einen zusammengesetzten Satz, indem du die Satzglieder des zweiten Satzes umstellst.

Ein reicher Geschäftsmann habe bei der Investitionsbehörde ganz offiziell den Antrag gestellt: Er wolle in Kinos investieren. (Z. 7 ff.)

_____

_____

Am Wochenende wurde die Entscheidung dann offiziell bekannt gegeben: „Grünes Licht für Kinos", titelte die Zeitung. (vgl. Z. 18 ff.)

_____

_____

Regeln und Verfahren der Rechtschreibung anwenden

Nachschlagewerke und PC zur Kontrolle und Korrektur nutzen

Schülerbuch S. 216, 299 ■ Kontrolle und Korrektur

Rechtschreibprogramme vergleichen die eingegebenen Buchstabenfolgen mit einer gespeicherten Wortliste. Meist ergibt sich die richtige Schreibweise aber nur aus dem **Satzzusammenhang**. Deshalb werden **viele Fehler** von diesen Programmen **nicht erkannt**.

> *Sie hat einen <u>lehren</u> Bauch.* → *Sie hat einen <u>leeren</u> Bauch.*
> *Er <u>Geht</u> ins <u>Frei Bad</u> <u>uns</u> bezahlt <u>nix</u>.* → *Er <u>geht</u> ins <u>Freibad</u> <u>und</u> bezahlt <u>nichts</u>.*

Das Gleiche gilt für Zeichensetzungsfehler. Du musst deinen Text also **selbst** immer noch einmal kritisch **überprüfen**.

Im **Wörterbuch** kannst du **zuverlässig** die richtige Schreibung eines Wortes nachschlagen. Wenn du ein Wort im Wörterbuch nicht findest, überlege, wie es noch geschrieben werden könnte, z. B.:

f-Laut	→	*ph (**Ph**ysik, Katastro**ph**e), v (**V**erkehr), pf (**Pf**and)*
i-Laut	→	*y (Hobb**y**), ea (L**ea**dgitarre), ee (J**ee**p)*
k-Laut	→	*c (**C**omputer), ch (**Ch**arakter), ck (Ja**ck**e),*
ks-Laut	→	*x (He**x**e), chs (O**chs**e), cks (Kle**cks**), gs (flu**gs**)*
t-Laut	→	*th (An**th**ropologie)*
ü-Laut	→	*y (L**y**rik)*
w-Laut	→	*v (**V**itrine)*

Die **Leit-** und **Kopfwörter** helfen dir, dich beim Suchen zu orientieren. Achte darauf, im Wörterbuch den **Hauptbegriff** nachzuschlagen (z. B. *Bewerbung*, nicht *Praktikumsbewerbung*).

---

1. Bei den folgenden Sätzen hat das Rechtschreibprogramm des Computers keine Fehler angezeigt. Prüfe, ob die Sätze tatsächlich fehlerfrei sind. Markiere die Fehler, die du dennoch findest, und schreibe die Sätze richtig auf.

a) Eva und Peter beschäftigten sich zur Zeit im Deutschunterricht mit dem Thema Schulpraktikum und Bewerbung.

_____

b) Zu Hause hat Eva keine Lust zum überarbeiten Ihrer Bewerbung.

_____

c) Ihr fällt auch die Zeit, die sie für das Korrektur Lesen braucht.

_____

d) Das für und wider einer Praktikumsstelle bei der Tageszeitung will sie noch abkläre.

_____

e) Aber sie denkt das ihr diese Arbeit spaß machen könnte.

_____

f) Peter interessiert sich für Autos Elektronik, und Technische Details.

_____

g) Er schreibt deshalb gleich ein Paar Bewerbungen um Praktikum Stellen ihm technischen Bereich.

_____

2. Erläutere mithilfe von Beispielen aus Aufgabe 1, welche Art von Fehlern das Rechtschreibprogramm des Computers nicht erkennt.

_____

_____

_____

_____

_____

_____

3. Lies den Text und ergänze jeweils die Buchstaben, die durch die Tintenkleckse verdeckt werden. Kontrolliere die Schreibweise mithilfe eines Wörterbuchs.

Schülerpraktikum

So gut wie alle von uns freuen sich, dem ü̲ lichen Schula̲ tag für kurze Zeit en̲ fliehen zu können. Ein Schülerpraktikum bietet jedoch einiges mehr als nur Abwe̲ lung. Viele Jugen̲ liche erhalten ihre ersten Eindrücke von der Arbei̲ wel̲ durch solch ein̲ lichtpra̲ tikum. Je nach Schulform findet das Schulpraktikum in einer anderen Klassenstufe sta̲ . Für G̲ mnasiasten steht es normalerwei̲ e in der 9. oder 10. Kla̲ e auf dem Programm. Eine der ersten Heraus̲ orderungen ist das Finden einer Praktikum̲ telle. Überlege dir, welche Bran̲ e dich interessiert. Frage auf jeden Fall auch ältere Geschwister, Bekannte und Verwan̲ e, ob sie einen guten Praktikumsti̲ für dich haben. Bewirb dich immer per̲ lich vor Ort, am Telefon oder schriftlich bei einem Unternehmen. Damit zeigst du Eigenini̲ ative, was viele Arbeitgeber sehr sch̲ tzen.

4. Wähle drei der ergänzten Wörter aus und bilde möglichst viele Wortverwandte. Arbeite im Heft.

Fehlerschwerpunkt: Groß- und Kleinschreibung

Schülerbuch S. 219 ■ Fehlerschwerpunkte

Substantive schreibst du immer **groß**. Sie bezeichnen *Lebewesen*, *Pflanzen* und *Dinge* (Konkreta) oder *Gedanken*, *Gefühle*, *Vorstellungen* und *Zustände* (Abstrakta). Erkennen kannst du sie meist an ihren **Begleitern** (z. B. *Artikel*, *Pronomen*, *Adjektiv* oder *Präposition*). Werden Wörter anderer Wortarten **substantiviert** (also als Substantiv verwendet), schreibst du sie ebenfalls groß:
> Das <u>Telefonieren</u> dauerte Stunden. Das <u>Wichtigste</u> ist die Freude an der Arbeit.

1. Lies den Text und entscheide, ob die Wörter in Klammern groß- oder kleingeschrieben werden. Trage sie richtig in die Lücken ein.

Ein Schulpraktikum ist vor allem zum _____ (SAMMELN) von _____ (ERFAHRUNGEN) da. Die Schülerinnen und Schüler haben viele _____ (GELEGENHEITEN) zum ausführlichen _____ (KENNENLERNEN) des Berufs und zum Austausch mit erfahrenen _____ (MITARBEITERN). Manchmal fällt dem Unternehmen jedoch nichts _____ (SINNVOLLES) ein, was ein Praktikant tun könnte. Deshalb ist es das _____ (BESTE), wenn man selbst nachfragt und seine _____ (ARBEITSBEREITSCHAFT) zum _____ (AUSDRUCK) bringt. Vielen Schülerinnen und Schülern ist es am _____ (LIEBSTEN), in ihrem _____ (PRAKTIKUM) tatsächlich etwas _____ (PRAKTISCHES) machen zu können. Am _____ (SPANNENDSTEN) finden _____ (VIELE) das _____ (MITARBEITEN) an Projekten oder das _____ (ÜBERNEHMEN) eigener kleiner _____ (ARBEITEN). Wichtig ist den Schülerinnen und Schülern außer _____ (ABWECHSLUNG) eine gute _____ (BETREUUNG) vor Ort. Man kann viel _____ (INTERESSANTES) erleben, wenn man die Arbeit ernst nimmt, etwas _____ (ERREICHEN) will und die Chance, in den Berufsalltag hineinzuschnuppern, _____ (BESTMÖGLICH) nutzt.

 Zeitangaben werden großgeschrieben, wenn sie durch **Substantive** ausgedrückt werden. Du erkennst sie an ihren **Begleitern**:
> <u>am</u> Mittwoch, <u>der</u> Abend.

Auch **nach Adverbien** wie *vorgestern*, *gestern*, *morgen* stehende Tageszeiten schreibst du **groß**:
> <u>heute</u> Mittag.

Zeitangaben, die du **durch Adverbien** ausdrückst, werden hingegen **kleingeschrieben**:
> heute, gestern, morgen<u>s</u>, mittag<u>s</u>, mittwoch<u>s</u>.

2. Eva schickt Peter per E-Mail ihren Praktikumsplan. Beschreibe Evas erste Praktikumswoche bei der Zeitung in einem zusammenhängenden Text. Du kannst die Vorgaben nutzen. Arbeite im Heft.

am Morgen Dienstagnachmittag gestern Mittwochmittag

gestern Abend morgens immer freitags am Donnerstag

	Mo	Di	Mi	Do	Fr
8–12 Uhr	gegenseitige Begrüßung, Vorstellung; Informationen über Unternehmen, Arbeitsabläufe, Arbeitszeiten, Pausenzeiten	Zusammenfassen und Überarbeiten von Artikeln der Presseagenturen	Außentermin: Fecht-Bundesliga, 11 Uhr: Pressekonferenz	Zwischengespräch mit Betreuer Zusammenfassen und Überarbeiten von Artikeln der Presseagenturen	Zusammenfassen und Überarbeiten von Artikeln der Presseagenturen
14–17 Uhr	Kennenlernen des Arbeitsplatzes; kurze Unterweisung in Software, Intranet, Internet	Vorbereitung zweier kurzer Nachrichten für die Mittwochsausgabe der Zeitung	praktische Arbeit: Verfassen eines Artikels über das Fechten	praktische Arbeit: Verfassen des Artikels über das Fechten	Teamsitzung, Austausch und Planung der neuen Woche

In der **Höflichkeitsform** werden „**Sie**", „**Ihnen**" und „**Ihr**" immer **großgeschrieben**. Bei den vertrauten Anredepronomen „du", „ihr", „euch" sowie den entsprechenden Possessivpronomen „dein" und „euer" ist Großschreibung nur in Briefen möglich.

3. Herr Dr. Linding, der Chefredakteur der Tageszeitung, hinterlässt Eva am Ende der ersten Praktikumswoche eine Notiz. Markiere bei den hervorgehobenen Wörtern die richtige Schreibung und streiche die falsche durch.

Liebe Frau Müller,
wie geht es **ihnen/Ihnen** bei **uns/Uns**? Ich hoffe, es gefällt **ihnen/Ihnen** in **unserer/Unserer** Redaktion und **sie/Sie** fühlen sich gut betreut. Frau Grübele, **ihre/Ihre** Betreuerin, hat mir schon berichtet, dass **sie/Sie** sehr zufrieden mit **ihrer/Ihrer** Arbeit ist. Ich habe noch folgenden Tipp: Nehmen **sie/Sie** sich Zeit beim Lesen **ihrer/Ihrer** Artikel und benutzen **sie/Sie** am Ende auch das Rechtschreibprogramm des Computers.
Sollten **sie/Sie ihrerseits/Ihrerseits** noch Fragen an **mich/Mich** haben, dann melden **sie/Sie** sich doch einfach in **meinem/Meinem** Büro.

Viele Grüße von Dr. Linding

Fehlerschwerpunkt: Getrennt- und Zusammenschreibung

Schülerbuch S. 220 ■ Fehlerschwerpunkte

Bei der Unterscheidung von getrennt und zusammengeschriebenen Wörtern achte auf die **Bedeutung** und auf die **Betonung**. Wenn die **Bedeutung** der Bestandteile **verblasst** und eine **neue Gesamtbedeutung** entstanden ist, dann schreibt man zusammen:

schwarzfahren, teilnehmen.

Zusammengesetzte Verben haben meist nur einen **Hauptakzent**. Bei Wortgruppen dagegen sind **beide Bestandteile** betont:

freisprechen – frei sprechen; zusammenbauen – zusammen bauen.

Verbindungen von **zwei Verben** werden meistens, Verbindungen mit **„sein"** werden immer **getrennt geschrieben**:

essen gehen, spazieren fahren; dafür sein, fertig sein.

Im **Zweifelsfall** verwendest du ein **Wörterbuch**.

1. Entscheide, ob die folgenden Wörter und Wortgruppen getrennt oder zusammengeschrieben werden müssen, und trage sie richtig in die Tabelle ein.

| an?sein | arbeiten?können | dabei?sein | gerade?sitzen | kopf?stehen | statt?finden |

| Klavier?spielen | Kuchen?backen | leid?tun | lesen?üben | Auto?fahren | getrennt?schreiben |

| zusammen?lernen | zusammen?fassen | fest?stellen | Schlange?stehen |

Getrenntschreibung	Zusammenschreibung

2. 📖 Bilde mit jeweils drei Wörtern aus jeder Spalte der Tabelle einen sinnvollen Satz. Arbeite im Heft.

3. 📖 Peter hat Eva eine SMS geschrieben und dabei auf die Leerzeichen und Groß- und Kleinschreibung verzichtet. Schreibe den Text richtig auf. Arbeite im Heft.

> hi eva,hättenichtgedacht,dassesmirhiersogutgefallenwürde. ichdarfsogareinesoftwareweiterentwickeln, weilmirdasleichtfälltundspaßmacht. Ichkannhier mitallengutzusammenarbeitenundmeinkönnenzeigenundmichvölligfreifühlen. wieistesbeidir? lg peter

Fehlerschwerpunkt: gleich- und ähnlich klingende Laute

Schülerbuch S. 221 ■ Fehlerschwerpunkte

Wenn du unsicher bist, mit welchem **Laut** ein Wort am Ende geschrieben wird, dann **verlängere** das Wort und du erkennst bei **deutlicher Aussprache** auch die richtige Schreibweise:

Ber_g_ → Ber_g_e, mil_d_ → mil_d_e.

Bei **Verbformen** bildest du einfach die **Grundform**:

er gi_b_t → ge_b_en.

Du kannst auch **verwandte Wörter** bilden, zum Beispiel, wenn du nicht weißt, ob du **ä/e** oder **äu/eu** schreiben musst:

Tr_äu_me → Tr_au_m, n_ä_he → n_a_h.

---

1. Kläre die Schreibweise der folgenden Wörter, indem du mindestens zwei Wortverwandte bildest. Orientiere dich an dem Beispiel.

Köni**g/k**	_König_	_Könige, Königin, königlich_
Lo**b/p**		
aufrä**u/eu**men		
erklä**/e**ren		
wil**d/t**		
Bewä**/e**rbung		
Erle**b/p**nis		
Gerä**u/eu**sch		
Gehal**d/t**		
mä**/e**nnlich		
klu**g/k**		
hal**b/p**		

2. Eva schreibt Peter eine E-Mail von ihrem Arbeitsplatz. Die Buchstaben, bei deren Schreibung sie unsicher ist, lässt sie einfach weg. Trage sie richtig in die Lücken ein.

Hallo Peter, es ist Hal __ zeit! Unglau __ lich, dass h _____ te schon die H __ lfte des

Pratikums hinter uns lie __ t, oder? Gerade l _____ ft es bei mir ganz gut. Ich freue

mich riesi __, dass die Kollegen so ne _____ sind und ich viel Lo __ bekomme. Was

trei __ t dich so an? Hoffe, du bist nicht wüten __, dass das mit dem Kino am Aben __

nichts wir __, aber ich bin einfach zu tr _____ ge. Viele Grü ____ e, Eva

Fehlerschwerpunkt: *das/dass*

Schülerbuch S. 221 ■ Fehlerschwerpunkte

> Die **Konjunktion „dass"** leitet einen **Gliedsatz** ein, der durch Komma vom Hauptsatz abgetrennt wird:
> *Er freut sich, dass er sein Praktikum erfolgreich absolviert hat.*
> Das **Relativpronomen „das"** leitet einen **Relativsatz** ein, der sich auf ein Bezugswort im Hauptsatz bezieht.
> Prüfe, ob du „das" durch „welches" ersetzen kannst. Außerdem kann „das" auch **Artikel** oder **Demonstrativpronomen** sein:
> *Das Anschreiben, das sie verfasst hat, ist gut gelungen. Das gefällt mir.*

1. Im Internet tauscht sich die Klasse von Eva und Peter über ihre Praktikumserlebnisse aus.
Ergänze in dem folgenden Beitrag *das/dass*.

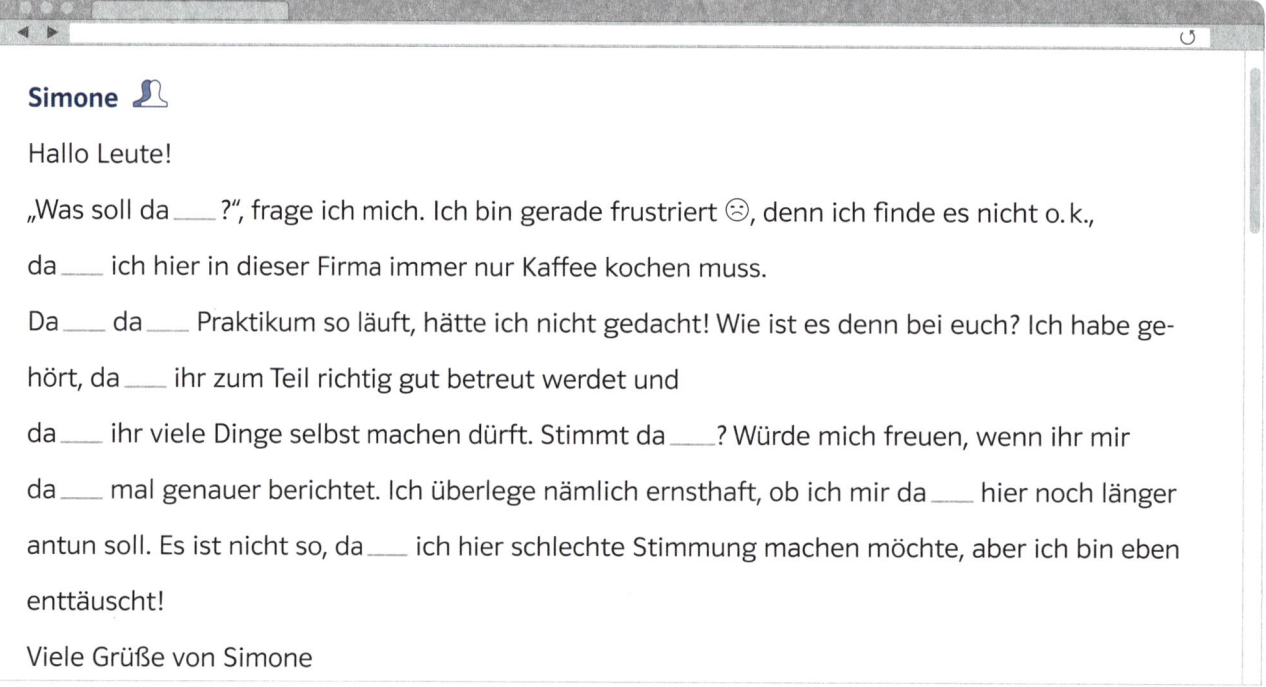

Simone

Hallo Leute!

„Was soll da＿＿?", frage ich mich. Ich bin gerade frustriert ☹, denn ich finde es nicht o.k.,

da＿＿ ich hier in dieser Firma immer nur Kaffee kochen muss.

Da＿＿ da＿＿ Praktikum so läuft, hätte ich nicht gedacht! Wie ist es denn bei euch? Ich habe gehört, da＿＿ ihr zum Teil richtig gut betreut werdet und

da＿＿ ihr viele Dinge selbst machen dürft. Stimmt da＿＿? Würde mich freuen, wenn ihr mir

da＿＿ mal genauer berichtet. Ich überlege nämlich ernsthaft, ob ich mir da＿＿ hier noch länger

antun soll. Es ist nicht so, da＿＿ ich hier schlechte Stimmung machen möchte, aber ich bin eben

enttäuscht!

Viele Grüße von Simone

2. Erläutere die richtige Verwendung von *das/dass* in der Antwort auf Simones Beitrag.
Orientiere dich an dem Beispiel. Arbeite im Heft.

(1): „dass" ist Konjunktion und leitet einen Objektsatz ein

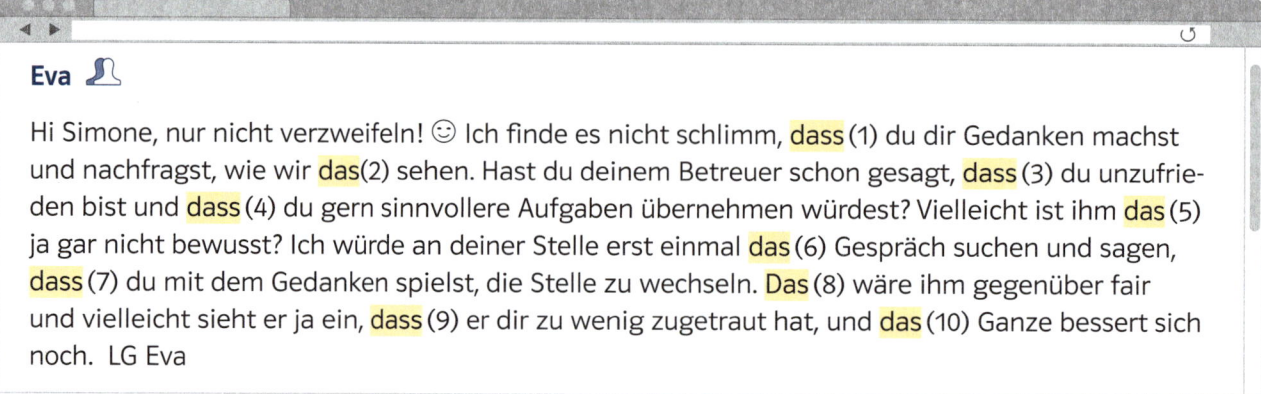

Eva

Hi Simone, nur nicht verzweifeln! ☺ Ich finde es nicht schlimm, dass (1) du dir Gedanken machst
und nachfragst, wie wir das (2) sehen. Hast du deinem Betreuer schon gesagt, dass (3) du unzufrieden bist und dass (4) du gern sinnvollere Aufgaben übernehmen würdest? Vielleicht ist ihm das (5)
ja gar nicht bewusst? Ich würde an deiner Stelle erst einmal das (6) Gespräch suchen und sagen,
dass (7) du mit dem Gedanken spielst, die Stelle zu wechseln. Das (8) wäre ihm gegenüber fair
und vielleicht sieht er ja ein, dass (9) er dir zu wenig zugetraut hat, und das (10) Ganze bessert sich
noch. LG Eva

Das kannst du jetzt!

Training
interaktiv
Rechtschreibung
y3f53x

1. Die folgenden Praktikumsanfragen enthalten verschiedene Rechtschreibfehler. Ordne sie den Fehlerschwerpunkten zu und trage die berichtigten Wörter in die Tabelle unten ein.

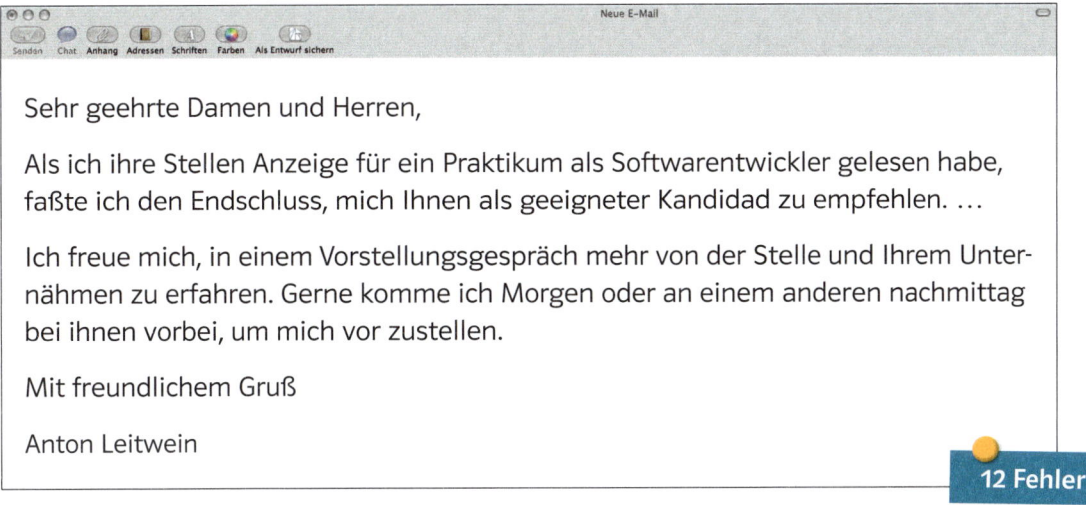

Sehr geehrte Damen und Herren,

Als ich ihre Stellen Anzeige für ein Praktikum als Softwarentwickler gelesen habe, faßte ich den Endschluss, mich Ihnen als geeigneter Kandidad zu empfehlen. …

Ich freue mich, in einem Vorstellungsgespräch mehr von der Stelle und Ihrem Unternähmen zu erfahren. Gerne komme ich Morgen oder an einem anderen nachmittag bei ihnen vorbei, um mich vor zustellen.

Mit freundlichem Gruß

Anton Leitwein

12 Fehler

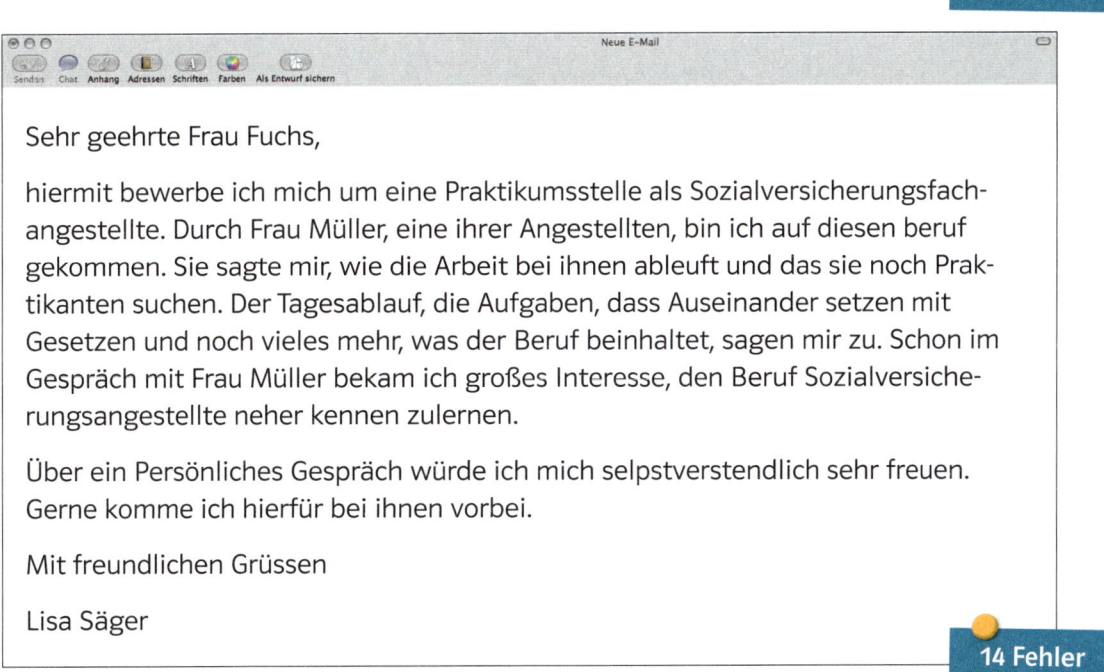

Sehr geehrte Frau Fuchs,

hiermit bewerbe ich mich um eine Praktikumsstelle als Sozialversicherungsfachangestellte. Durch Frau Müller, eine ihrer Angestellten, bin ich auf diesen beruf gekommen. Sie sagte mir, wie die Arbeit bei ihnen ableuft und das sie noch Praktikanten suchen. Der Tagesablauf, die Aufgaben, dass Auseinander setzen mit Gesetzen und noch vieles mehr, was der Beruf beinhaltet, sagen mir zu. Schon im Gespräch mit Frau Müller bekam ich großes Interesse, den Beruf Sozialversicherungsangestellte neher kennen zulernen.

Über ein Persönliches Gespräch würde ich mich selpstverstendlich sehr freuen. Gerne komme ich hierfür bei ihnen vorbei.

Mit freundlichen Grüssen

Lisa Säger

14 Fehler

Groß- und Kleinschreibung	Getrennt- und Zusammenschreibung	gleich- und ähnlich klingende Laute	das/dass

○ **EXTRA: Üben**

1. Entscheide dich in den Testfragen für die korrekte Schreibung, indem du sie markierst. Kreuze dann die richtigen Antworten an.

Einstellungstest: Allgemeinbildung

1. Wann begann der **z/Z**weite Wel**d/t**krieg?

   ☐ 1933   ☐ 1939   ☐ 1945

2. Wie heißt die Landeshau**b/p**tstadt von **Nordrhein-Westfalen/Nordrheinwestfalen**?

   ☐ Köln   ☐ Düsseldorf   ☐ Bonn

3. Was ist eine **Koalition/Koalliation/Koalidion**?

   ☐ Absprache zwischen Regierung und Opposition

   ☐ Zusammenschluss von Parteien

   ☐ Regierungsbildung durch verschiedene Parteien

4. Wann fand die **d/D**eutsche Wieder**f/v**ereinigung sta**dd/tt**?

   ☐ 09.11.1989   ☐ 03.10.1989   ☐ 03.10.1990

5. Wie heißt die Verfassung der Bundesre**b/p**ublik Deutschland?

   ☐ Bürgerliches Gesetzbuch   ☐ Bundesverfassungsgesetz   ☐ Grundgesetz

6. Für wie viele Jahre wird der deutsche Bundesprä**/e**sident gew**ä/e**hlt?

   ☐ 4   ☐ 5   ☐ 6

7. Was versteht man in der Ma**t/th**ema**t/th**ik unter einer Hypo**t/th**enuse?

   ☐ die Seite in einem rechtwinkligen Dreieck, die dem rechten Winkel gegenüberliegt

   ☐ die Seite in einem rechtwinkligen Dreieck, die neben dem rechten Winkel liegt

   ☐ die Grundseite in einem rechtwinkligen Dreieck

8. Welche der Spielkarten ist achsen- und punkt**symmetrisch/-symetrisch/-simetrisch**?

   ☐   ☐   ☐

2. Markiere die jeweils richtige Schreibweise. Die Buchstaben dahinter ergeben ein Lösungswort.

Infomartiker	(P)	Informatiker	(L)	Infomathiker	(A)
Mechatronik	(E)	Mechatronig	(R)	Mechadronik	(O)
Intrese	(F)	Intresse	(A)	Interesse	(B)
Spaghetti	(E)	Spageti	(K)	Sphagetti	(P)
Ballence	(I)	Balance	(N)	Ballance	(T)
Grafiker	(S)	Graphiger	(T)	Graficer	(I)
Potential	(L)	Potentzial	(S)	Pottenzial	(K)
Phantasi	(U)	Fantasie	(A)	Phantasy	(R)
Sympatie	(M)	Sympathie	(U)	Sümpathie	(M)
Rhetorik	(F)	Retorik	(T)	Rhetorig	(M)

Lösungswort: _____

3. In dem Suchrätsel sind 13 Wörter und Wortgruppen aus Adjektiv und Verb sowie Verb und Verb versteckt. Markiere sie farbig und trage sie richtig in die Tabelle unten ein.

	A	B	C	D	E	F	G	H	I	J	K	L	M	N	O	P	Q	R	S	T
1	A	R	Q	D	A	X	F	S	C	H	W	A	R	Z	F	A	H	R	E	N
2	U	E	W	A	U	B	L	A	U	M	A	C	H	E	N	E	R	I	J	R
3	S	R	Y	P	U	T	N	K	C	D	B	L	A	U	S	E	I	N	D	J
4	T	E	U	X	N	E	R	F	I	N	D	E	N	L	A	S	S	E	N	Z
5	A	I	V	D	Z	Ö	G	U	N	M	E	R	E	I	T	A	N	G	E	R
6	U	N	X	N	G	V	O	R	H	E	R	S	A	G	E	N	Y	R	C	O
7	S	F	V	O	R	B	E	I	S	E	I	N	Y	H	B	D	Ö	Y	R	Ö
8	C	A	T	Q	G	D	A	Z	W	I	S	C	H	E	N	R	E	D	E	N
9	H	L	M	X	I	S	C	H	W	A	R	Z	Ä	R	G	E	R	N	B	Ä
10	E	L	S	Z	R	M	U	T	I	G	S	E	I	N	P	Y	Q	X	K	P
11	N	E	O	Ä	B	R	I	R	O	T	S	E	H	E	N	O	Ä	I	A	H
12	I	N	T	E	R	E	S	S	A	N	T	G	E	S	T	A	L	T	E	N

Getrenntschreibung	Zusammenschreibung

Kannst du das? – Sprache thematisieren

Rechtschreibung

1. Niklas hat seiner Praktikumsbewerbung bei einem Tierarzt ein sogenanntes Motivationsschreiben beigelegt. Markiere die orthografischen Fehler und korrigiere sie in der Randspalte, damit er seine Bewerbung überarbeiten und abschicken kann.

Was mir wichtig ist

Jedes Jahr, wenn die Sommerferien beginnen, muss man dieselben Meldun-
gen in den Zeitungen lesen: „Hund ausgesetzt" – „Katze weg gelaufen"
u.s.w.
Ich bin immer aufs Neue entsetzt und jedes Mal ist es mir nahe gegangen,
wie Menschen so herzlos sein können. Lebewesen, die auf die Hilfe des
Menschen angewiesen sind, einfach so ab zu schieben, z. Bsp. weil sie nicht
in die Urlaubspläne passen oder nicht ins Hotel mit genommen werden
können.
Letztes Jahr habe ich beschlossen, mehr zutun, als mich über dieses Verhalten
aufzuregen. Ich habe dem Tierheim in Hameln meine Hilfe angeboten.
Jetzt bin ich zwei mal in der Woche dort, kümmere mich um die Pflege und
Fütterung der Hunde, Katzen und um v.a.m. Ich bin froh dabeizusein und
verteile auch ein paar Streicheleinheiten. Die brauchen diese Tiere ganz besonders, die oft von heute auf morgen allein gelassen wurden.
Damit habe ich eine sinnvolle Freizeitbeschäftigung gefunden, die mir
darüberhinaus sehr viel Freude bereitet – sicher genau so viel wie ein
Praktikum und g.g.f. eine spätere Ausbildung in meinem Wunschberuf, dem
Tierarzthelfer.

Hameln, den 17.02. 2015

Niklas Schmidt

2. 📖 Lies den folgenden Praktikumsbericht und schreibe alle falsch geschriebenen Fremdwörter heraus. Berichtige sie. Arbeite im Heft.

Praktikumsbericht

*Zusammenfassend kann ich sagen, dass ich in meinem Praktikum bei der Werbeargentur „Ideen-Reich"
viel gelernt habe, was mir sicherlich auch später in Studium und Beruf nützlich sein wird. So erhielt
ich einen guten Einblick in die Werbebrangche, sowohl hinsichtlich unterschiedlicher Rescherche- und
Kommunikationstechnicken als auch mit Blick auf Grapfik, Deseign und Marcketingstrategien. Im Team
herrschte eine angenehme Arbeitsatmospäre. Die symphatischen Mitarbeiter und die Cheffin der
Filliale begegneten mir stets freundlich und brachten mir Akzebtanz entgegen.
Ich konnte mich in ganz unterschiedlichen Bereichen ausprobieren. So durfte ich beispielsweise mit
Bildbearbeitungsprogrammen am Computer experimentiren, der Assisstentin über die Schulter
schauen und selbst Werbeslogens kreieren.*

Kannst du das? – Hörverstehen

Hörtext
Knödel
3gg644

1. Lies die folgenden Aufgaben. Höre dir anschließend die letzten drei Minuten des Hörbeitrags an und notiere zielgerichtet Stichpunkte. Bearbeite auf der Grundlage des Ausschnitts aus dem Hörbeitrag die folgenden Aufgaben.

2. Richtig oder falsch? Kreuze an.

Im Hörbeitrag …	richtig	falsch
… erklärt ein Sprecher alltägliche Erscheinungen auf der Grundlage physikalischer Gesetze.		
… spricht ein Koch über die korrekte Zubereitung von Knödeln und Klößen.		
… beantwortet ein Wissenschaftler Interviewfragen zu bedeutsamen wissenschaftlichen Fragen.		
… beantwortet ein Sprecher Fragen, die ihm per Brief gestellt werden.		

3. Formuliere das Thema des Hörbeitrags.

_____

4. Der Sprecher zählt unterschiedliche Kloß- bzw. Knödelsorten auf. Kreuze die Sorten an, die er nennt.

☐ Thüringer Klöße ☐ Wickelklöße ☐ Böhmische Knödel ☐ Kartoffelklöße

☐ Semmelknödel ☐ Hefeklöße ☐ Germknödel

5. Markiere in Aufgabe 4 die Sorte, die die Schwiegermutter des Sprechers besonders gut zubereitet.

6. Kreuze die richtige Fortsetzung der Aussage des Sprechers an.

Wenn ein runder Knödel im Wasser schwimmt, dann …

☐ … dreht er sich im Kreis.

☐ … bilden sich kleine Bläschen.

☐ … geht er unter.

☐ … kennt er kein oben und unten.

☐ … kühlt er ab.

7. Setze den folgenden Satz richtig fort.

Der Schwerpunkt des Knödels bleibt immer an derselben Stelle, weil _____

_____

8. Richtig oder falsch? Kreuze an.

Der Sprecher vergleicht einen Knödel mit ...	richtig	falsch
... einem Ball im Wasser.		
... einem Schneeball im Wasser.		
... einem Eisberg im Wasser.		
... einem Ei im Wasser.		

9. Ergänze das folgende Flussdiagramm.

> *In kochendem Wasser oder siedendem Fett bilden sich im Knödel kleine Bläschen.*

↓

↓

↓

> *Bläschen im unteren Teil des Knödels dehnen sich stärker aus. Der Knödel dreht sich weiter.*

10. Die folgende Skizze stellt die physikalischen Vorgänge dar, die dazu führen, dass sich der Knödel im Topf dreht. Vervollständige sie mithilfe der Vorgaben und zeichne auch entsprechende Symbole ein.

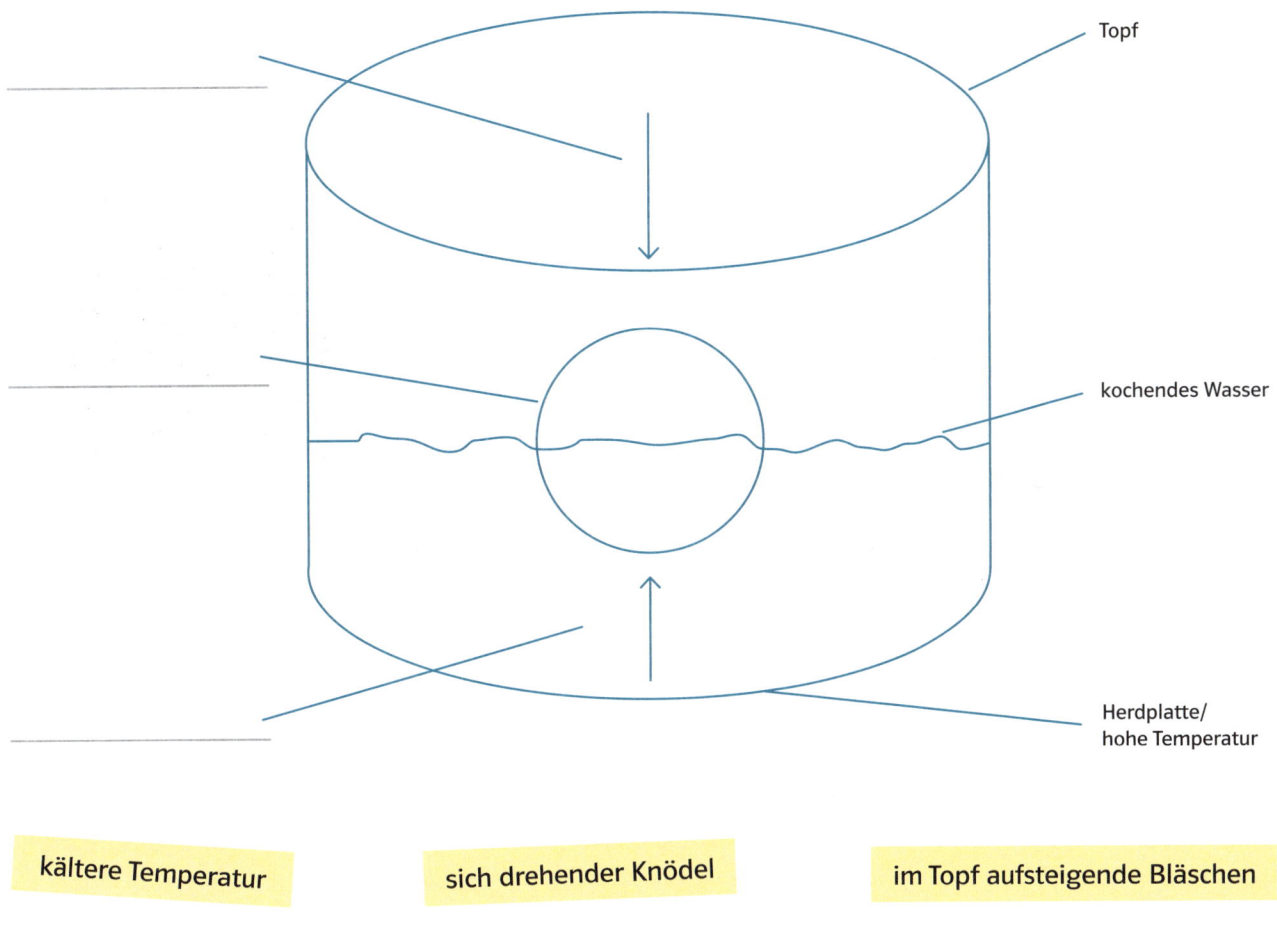

Topf

kochendes Wasser

Herdplatte/
hohe Temperatur

| kältere Temperatur | sich drehender Knödel | im Topf aufsteigende Bläschen |

11. Erkläre, warum das Drehen des Knödels bei offenem Topf noch verstärkt wird.

_____

_____

_____

_____

12. Erläutere, was der Sprecher meint, wenn er sagt, dass der drehende Knödel zu einem thermodynamischen Gebilde wird.

_____

_____

_____

_____

_____

⭐ Kannst du das? – Erschließendes Lesen

Sachtext

1. Lies den Text und bearbeite auf seiner Grundlage die folgenden Aufgaben.

Der Körper als Kunstwerk: Body-Art

Ob Bodypainting oder Tattoos – die Kunst am Körper ist schon seit Jahrtausenden Ausdruck von Individualität oder Zugehörigkeit zu einer Gruppe. Die eigenwilligen und teilweise schmerzhaften Körperverzierungen sind momentan wieder ganz hoch im Kurs.

5 Fußballer, Rockstars oder Hollywoodschauspielerinnen – viele tragen Tattoos. Was früher nur als Körperschmuck von Matrosen, Sträflingen […] und Soldaten galt, ist mittlerweile salonfähig geworden. Die bunten Körperbemalungen sind so vielfältig und alt wie die Menschheit. Schon die Steinzeitmenschen haben nicht nur ihre Höhlen verziert, sondern auch sich selbst. Für viele Urvölker wie die Maori

10 auf Neuseeland oder die Polynesier der Südsee dienten sie als Kriegsbemalung, um Feinde einzuschüchtern, um ihre Zugehörigkeit zu einem Stamm zu markieren oder um den Rang in eben diesem zu symbolisieren. Der wohl älteste Beweis für die lange Tradition von Tätowierungen ist der Ötzi. Der Mann aus dem Eis, der vor über 5 000 Jahren starb und 1991 in den Ötztaler Alpen in Südtirol gefunden wurde, weist etwa 15 Körperverzierungen auf […].

15 *Etablierter Körperschmuck*

In den Achtzigern war es dann die Punkszene, die mit bunten Tattoos, vielen Ohrringen und bunten Haaren auffallen und ihrem Protest Ausdruck verleihen wollte. Heute, rund dreißig Jahre später, gehören Körperverzierungen jeglicher Art fast zum normalen Straßenbild und zur Jugendkultur. Bei einer Tätowierung wird die Farbe mit einer Nadel in die Lederhaut, die über der Fettschicht

20 liegt, gestochen. Dort wird die Farbe im Bindegewebe eingekapselt und bleibt dort für immer. Die Nadel, die heute in einem elektrischen Tätowiergerät befestigt ist, bewegt sich bis zu 3 000-mal in der Minute auf und ab.

Autolack unter der Haut

Der Haut werden so viele kleine Verletzungen zugefügt. Je nach Körperregion und Dauer kann

25 die Tätowierung mehr oder weniger schmerzhaft sein. Die Nadel wird entweder in Farbe getaucht oder die Farbe wird direkt auf die Haut aufgetragen. Übrigens: für die Urformen der Tätowierungen wurden der Haut kleine Schnitte zugefügt, die dann mit Kohle, Erde oder Pflanzenfarben aufgefüllt wurden.
Unseriöse Tätowierer benutzen oft Farben, die Restprodukte aus der Industrie sind. Zum Beispiel

30 Pigmente aus Autolacken. Diese Farben sind nicht für den kosmetischen Gebrauch getestet, enthalten Azopigmente und Weichmacher und können krebserregend sein.
Auch das Entfernen der Tätowierung mit Laser ist alles andere als unproblematisch. Nur Geräte der neuesten Generation schaffen es, alle Farbpigmente zu beseitigen. Ältere Laser haben ihre Schwierigkeiten mit Gelb und Türkis. Die Entfernung eines Tattos ist sehr schmerzhaft und es sind meh-

35 rere Behandlungen nötig, bis dieser Körperschmuck aus der Haut entfernt ist. Die Farbpigmente werden vom Laserlicht regelrecht zersprengt und gelangen aus der Haut in die Lymphknoten. Eine Tätowierung will also wohlüberlegt sein, denn sie ist normalerweise für die Ewigkeit.
Eine ebenso kunstvolle, dabei aber vergängliche Form des Körperschmucks ist das Bodypainting. Traditionell werden in Indien und vielen arabischen Kulturen die Hände, Unterarme und Füße der

40 Frauen zu festlichen Anlässen mit der Naturfarbe Henna bemalt. Das sogenannte Mehndi, das mit kunstvollen Ornamenten aufgetragen wird, verblasst nach ein bis zwei Wochen.

2. Kreuze <u>die falsche</u> Antwort an.

Welchem Zweck können Körperbemalungen laut der Angaben im Text dienen?

☐ Verdeutlichung von Protest

☐ Symbolisierung des Rangs

☐ Verdeutlichung der Religion

☐ Einschüchterung von Feinden

3. Liste die im Text genannten Beispiele dafür auf, dass die Tätowierten früher oder heute ihre Zugehörigkeit zu einer bestimmten Gruppe markierten bzw. markieren.

_____

_____

_____

_____

_____

_____

4. Richtig oder falsch? Kreuze an.

Beim Tätowieren ...	richtig	falsch
... wird Farbe in die obere Fettschicht der Haut eingebracht.		
... befindet sich die Tätowiernadel im elektrischen Tätowiergerät.		
... wird die Tätowiernadel in Farbe eingetaucht.		
... bestimmt der Tätowierer, wie sich die Tätowiernadel bewegt.		
... wird die Tätowierfarbe im Bindegewebe der Haut eingekapselt.		

5. Beschreibe, wie die allerersten Tätowierungen vorgenommen wurden.

_____

_____

_____

_____

6. Schreibe auf, seit wann es nachweislich Tätowierungen gibt.

_____

7. Im Text heißt es, dass Tattoos „mittlerweile salonfähig geworden" (Z. 7) sind.
Erkläre diese Äußerung mit eigenen Worten.

_____

_____

8. Kreuze <u>die falsche</u> Fortsetzung des Satzes an.

Bei Tätowierungen können …

☐ … die verwendeten Farben krebserregend sein.

☐ … sich die Farben mischen und ineinanderfließen.

☐ … starke Schmerzen auftreten.

☐ … die genutzten Farben nicht für diese Zwecke geeignet sein.

9. Nimm Stellung zu folgender Aussage: „Wenn man die Tätowierung nicht mehr will, kann man sie ganz einfach wegmachen lassen." Begründe deinen Standpunkt detailliert.

_____

_____

_____

_____

_____

10. Richtig oder falsch? Kreuze an.

Bodypainting …	richtig	falsch
… ist wie das Tätowieren eine Art Körperschmuck.		
… wird häufig in Indien, Afrika und Arabien angewandt.		
… ist bezogen auf den gesamten Körper.		
… erfolgt ebenfalls mit künstlichen Farben.		
… verblasst nach wenigen Wochen von selbst.		

11. Ermittle den Standpunkt des Autors zum Tätowieren. Weise ihn nach, indem du mindestens zwei aussagekräftige Textstellen zitierst.

_____

_____

_____

_____

1. Lies den Text und bearbeite auf seiner Grundlage die folgenden Aufgaben.

Wolfgang Borchert: Die Kirschen (1947)

Nebenan klirrte ein Glas. Jetzt isst er die Kirschen auf, die für mich sind, dachte er. Dabei
habe ich das Fieber. Sie hat die Kirschen extra
vors Fensterbrett gestellt, damit sie ganz kalt
5 sind. Jetzt hat er das Glas hingeschmissen. Und
ich hab das Fieber.
Der Kranke stand auf. Er schob sich die Wand
entlang. Dann sah er durch die Tür, dass sein
Vater auf der Erde saß. Er hatte die ganze Hand
10 voll Kirschsaft.

Alles voll Kirschen, dachte der Kranke, alles
voll Kirschen. Dabei sollte ich sie essen. Ich hab
doch das Fieber.
Er hat die ganze Hand voll Kirschsaft. Die wa-
15 ren sicher schön kalt. Sie hat sie doch extra vors Fenster gestellt für das Fieber. Und er isst mir die
ganzen Kirschen auf. Jetzt sitzt er auf der Erde und hat die ganze Hand davon voll. Und ich hab
das Fieber. Und er hat den kalten Kirschsaft auf der Hand. Den schönen kalten Kirschsaft. Er war
bestimmt ganz kalt. Er stand doch extra vorm Fenster. Für das Fieber.
Er hielt sich am Türdrücker. Als der quietschte, sah der Vater auf.
20 Junge, du musst doch ins Bett. Mit dem Fieber, Junge. Du musst doch ins Bett.
Alles voll Kirschen, flüsterte der Kranke. Er sah auf die Hand. Alles voll Kirschen.
Du musst sofort ins Bett, Junge. Der Vater versuchte aufzustehen und verzog das Gesicht. Es tropfte
von der Hand.
Alles Kirschen, flüsterte der Kranke. Alles meine Kirschen. Waren sie kalt? fragte er laut. Ja? Sie
25 waren doch sicher schön kalt, wie? Sie hat sie doch extra vors Fenster gestellt, damit sie ganz kalt
sind. Damit sie ganz kalt sind.
Der Vater sah ihn hilflos von unten an. Er lächelte etwas. Ich komme nicht wieder hoch, lächelte er
und verzog das Gesicht. Das ist doch zu dumm, ich komme buchstäblich nicht wieder hoch.
Der Kranke hielt sich an der Tür. Die bewegt sich leise hin und her von seinem Schwanken. Waren
30 sie schön kalt? flüsterte er, ja?
Ich bin nämlich hingefallen, sagte der Vater. Aber es ist wohl nur der Schreck. Ich bin ganz lahm,
lächelte er. Das kommt von dem Schreck. Es geht gleich wieder. Dann bring ich dich zu Bett.
Der Kranke sah auf die Hand.
Ach, das ist nicht so schlimm. Das ist nur ein kleiner Schnitt. Das hört gleich auf. Das kommt von
35 der Tasse, winkte der Vater ab. Er sah hoch und verzog das Gesicht. Hoffentlich schimpft sie nicht.
Sie mochte die Tasse so gern. Jetzt hab ich sie kaputt gemacht. Ausgerechnet diese Tasse, die sie so
gern mochte. Ich wollte sie ausspülen, da bin ich ausgerutscht. Ich wollte sie nur ein bisschen kalt
ausspülen und deine Kirschen da hineintun. Aus dem Glas trinkt es sich doch so schlecht im Bett.
Das weiß ich noch. Daraus trinkt es sich ganz schlecht im Bett.
40 Der Kranke sah auf die Hand. Die Kirschen, flüsterte er, meine Kirschen?
Der Vater versuchte noch einmal hochzukommen. Die bring ich dir gleich, sagte er. Gleich, Junge.
Geh schnell zu Bett mit deinem Fieber. Ich bring sie dir gleich. Sie stehen noch vorm Fenster,
damit sie schön kalt sind. Ich bring sie dir sofort.
Der Kranke schob sich an der Wand zurück zu seinem Bett. Als der Vater mit den Kirschen kam,
45 hatte er sich tief unter seine Decke gesteckt.

2. Bringe die Handlungsschritte in die richtige Reihenfolge, indem du sie nummerierst.

☐ Der Junge steht an der Tür.

☐ Die Kirschen werden kalt gestellt.

☐ Der Sohn findet den Vater auf dem Boden sitzend.

☐ Die Tasse zerbricht.

☐ Der Vater bringt die Kirschen.

☐ Der Junge geht ins Bett.

3. Beschreibe kurz den Schauplatz der Handlung.

_____

_____

4. Kreuze <u>die falsche</u> Fortsetzung des Satzes an.

Der Vater …

☐ … ist verletzt.

☐ … ist um den Jungen besorgt.

☐ … hat von den Kirschen genascht.

☐ … ärgert sich über die Tasse.

5. Richtig oder falsch? Kreuze an.

Der Junge …	richtig	falsch
… ist krank, muss aber nicht im Bett liegen.		
… hat das Handeln des Vaters falsch gedeutet.		
… ist in der Wahrnehmungsfähigkeit eingeschränkt.		
… ist noch sehr klein und muss betreut werden.		
… ist neidisch auf den Vater.		

6. Kreuze die <u>richtige</u> Fortsetzung des Satzes an.

Die Mutter …

☐ … ist während der erzählten Begebenheit nicht anwesend.

☐ … ist nicht fürsorglich gegenüber ihrem Sohn.

☐ … ist im Krieg gestorben.

☐ … überlässt ihre Familie sich selbst.

7. Der Text ist eine typische Kurzgeschichte. Kreuze an, welche Merkmale auf ihn zutreffen und welche nicht.

Merkmale	zutreffend	nicht zutreffend
Die Handlung beginnt unvermittelt, ohne Einleitung.		
Die Handlung ist mehrsträngig.		
Die Figuren sind nicht genauer charakterisiert.		
Im Handlungsverlauf gibt es keine überraschende Wendung.		
Der Schluss des Textes ist offen.		
Es gibt einen Ich-Erzähler.		

8. Erkläre die symbolhafte Bedeutung der Kirschen in dieser Kurzgeschichte. Achte dabei auch auf die Entstehungszeit.

_____

_____

_____

9. Am Schluss heißt es, dass der Junge „sich tief unter seine Decke gesteckt" (Z. 45) hat. Erkläre kurz, warum er das tut.

_____

_____

10. Kreuze an, welche Aussage der Text <u>nicht</u> vermittelt.

☐ Kranken Menschen muss man mit Nachsicht begegnen.

☐ In Notzeiten erhalten auch einfache Dinge eine besondere Bedeutung.

☐ Egoistischen Menschen sollte man mit Ablehnung begegnen.

☐ Die menschliche Wahrnehmungsfähigkeit ist manchmal getrübt.

11. Richtig oder falsch? Kreuze an.

Im Text ...	richtig	falsch
... wird nicht chronologisch erzählt.		
... ist die Zeitgestaltung fast zeitdeckend.		
... bleibt das Erzählverhalten durchweg gleich.		
... wechselt die Erzählperspektive oft.		
... findet man an mehreren Stellen längere Erzählerkommentare.		

Kannst du das? – Schreiben

1. Verfasse für die Schülerzeitung deiner Schule einen Kommentar, in dem du dich zu Vor- und Nachteilen von Tätowierungen äußerst. Nutze dazu sowohl den Text „Der Körper als Kunstwerk: Body-Art" (S. 86) als auch die hier aufgeführten Materialien. Arbeite im Heft.

M1 Medizinische Bedenken bei Tattoos

Grundsätzlich sind die heute verwendeten Tinten zum Tätowieren gesundheitlich unbedenklich und durch Langzeitstudien entsprechend belegt. [...] Tinten, die nicht auf Farbpigmenten basieren, sind

5 jedoch noch nicht durch Langzeitstudien beobachtet worden. Hierzu gehören z.B. UV-aktive Farben, welche aus sehr feinem, UV-aktivem Plastik bestehen. Bei persönlicher Ungewissheit sollten solche Farben für eigene Tattoos vielleicht gemieden werden.

10 Auch wenn Tattoos theoretisch per Laserbehandlung wieder entfernbar sind, sind Sie dennoch als permanenter Körperschmuck gedacht. Eine Laserbehandlung ist sehr teuer und schmerzhaft und kann eine Tätowierung auch nicht immer vollständig entfernen.

M3 Statistische Angaben:

- in Deutschland über sechs Millionen Menschen tätowiert
- mehr als jeder zehnte Tätowierte hat mindestens vier Tattoos
- tendenziell tragen Männer größere Tätowierungen als Frauen
- Personen mit Körperschmuck in Deutschland etwa 40 Prozent (Frauen ca. 66 %, Männer ca. 15 %)
- kein Zusammenhang zwischen Tattoos und Schulbildung nachweisbar

M2 Nachteile im Job durch Tätowierungen:

- Tätowierungen in vielen Berufszweigen noch nicht oder kaum toleriert [...]
- alle Tattoos, die durch Kleidung vollständig verdeckt werden können, eher unproblematisch
- aber Tätowierungen auf Händen und im Gesicht in fast allen Berufen sehr ungern gesehen und meist Grund für Ablehnung einer Bewerbung

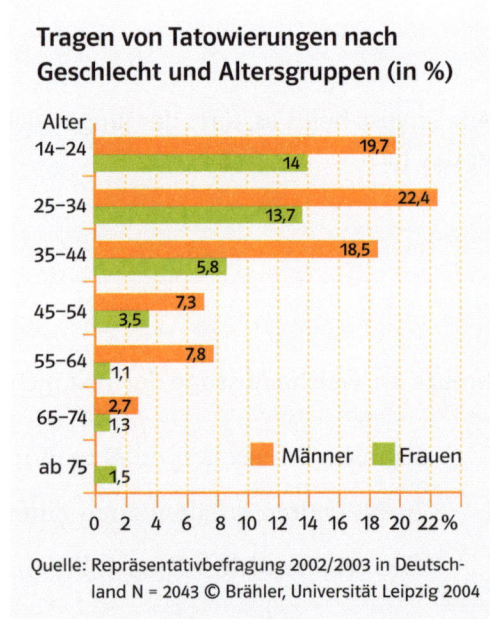

M4 **Tragen von Tatowierungen nach Geschlecht und Altersgruppen (in %)**

Alter	Männer	Frauen
14–24	19,7	14
25–34	22,4	13,7
35–44	18,5	5,8
45–54	7,3	3,5
55–64	7,8	1,1
65–74	2,7	1,3
ab 75		1,5

Quelle: Repräsentativbefragung 2002/2003 in Deutschland N = 2043 © Brähler, Universität Leipzig 2004

M5 **Welche Farbe hat das Tattoo, das Sie sich als letztes haben stechen lassen?** (Angaben in %)

Schwarz	50
Rot	14
Blau	9,6
Grün	9,1
Gelb	8,2
Weiß	1,6
Violett	1,4
Hautfarben	1,1
Orange	0,9
Andere	1,9

Quelle: S. Krager
© Statista 2014

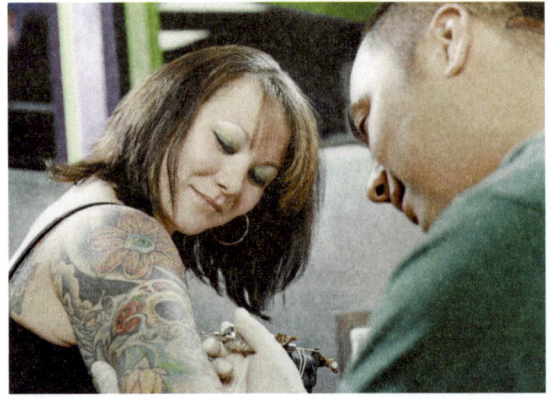

Eine Tätowierung ist Kunst und Schmuck.

Lernspiegel

Der Lernspiegel hilft dir, die Arbeit mit den Tests zu organisieren. Am Anfang steht, was in den Aufgaben von dir verlangt wird. Unter „Einschätzung" kreuzt du das Ergebnis an, das du in den Testaufgaben erzielt hast. Sind dir Aufgaben noch nicht so gut oder gar nicht gelungen (☺ und ☹), dann folge den Verweisen in der letzten Spalte.

Test – Sprache thematisieren

Ich kann …	Einschätzung			Wiederholung
Abkürzungen und Kurzwörter bilden und richtig schreiben. – Aufgabe 1	☺	☺	☹	Schülerbuch S. 220
Regeln der Getrennt- und Zusammenschreibung richtig anwenden. – Aufgabe 1	☺	☺	☹	Schülerbuch S. 220
Fremdwörter richtig schreiben. – Aufgabe 2	☺	☺	☹	Schülerbuch S. 218
Texte korrigieren. – Aufgaben 1, 2	☺	☺	☹	Schülerbuch S. 216 f.

Test – Hörverstehen

Ich kann …	Einschätzung			Wiederholung
das Thema eines Hörtextes bestimmen. – Aufgaben 2, 3	☺	☺	☹	
die Gliederung eines Hörtextes wiedergeben. – Aufgabe 9	☺	☺	☹	Schülerbuch S. 312 ff. Online-Bereich Hörtexte + Arbeitsblätter
einem Hörtext gezielt Informationen entnehmen. – Aufgaben 4–8, 10	☺	☺	☹	
Schlussfolgerungen aus einem Hörtext ziehen. – Aufgaben 11, 12	☺	☺	☹	

Test – Erschließendes Lesen (a=Sachtext, b=literarischer Text)

Ich kann …	Einschätzung			Wiederholung
einem Text zielgerichtet Informationen entnehmen. – Aufgaben 2a–6a, 8a, 10a, 3b–5b	☺	☺	☹	Schülerbuch S. 10 ff., 40 ff.
Texte in Handlungsschritte gliedern. – Aufgabe 2b	☺	☺	☹	Schülerbuch S. 103 ff.
Schlussfolgerungen aus einem Text ziehen. – Aufgaben 7a, 9a, 6b, 9b	☺	☺	☹	Schülerbuch S. 48 ff.
Merkmale eines literarischen Textes erkennen. – Aufgaben 7b, 11b	☺	☺	☹	Schülerbuch S. 84 ff., 98 ff.
die Aussageabsicht und das Thema eines Textes erkennen. – Aufgaben 11a, 8b, 10b	☺	☺	☹	Schülerbuch S. 18 ff., 72 ff.

Test – Schreiben

Ich kann …	Einschätzung			Wiederholung
materialgestützt einen argumentierenden Text schreiben. – Aufgabe 1	☺	☺	☹	Schülerbuch S. 48 ff.

Fachbegriffe

Begriff	Erklärung	Beispiele	Seite
Adjektiv, das	Eigenschaftswort	*schön, mutig, hässlich*	30, 70, 74
Adverb, das	Umstandswort	*heute, gern, dort, deshalb*	62, 64, 70, 74
Alliteration, die	gleiche Anfangslaute von Wörtern in einer Verszeile	*Lust und Leid*	31, 42, 47
Anapher, die	Wiederholung eines Wortes am Anfang von Verszeilen	*Wie glänzt die Sonne! Wie lacht die Flur!*	25 ff., 42
Antagonist, der	im Drama oft negativ dargestellter Gegenspieler	*Naturgewalt*	52, 60
Deklination, die	Beugung von Substantiven, Adjektiven, Pronomen, Artikeln	*dem Kind, meiner blauen Tasche*	40, 60 f.
Demonstrativpronomen, das	hinweisendes Fürwort	*diese, jene, solcher, derjenige*	62, 78
Ellipse, die	grammatikalisch unvollständiger Satz	*Ende gut, alles gut!*	42
Enjambement, das	im Gedicht Zeilen- oder Verssprung	*Bleischwere Tatsachen/ sinken im Körper*	25 f., 42, 51
Erzählhaltung, die	Einstellung des Erzählers zu den Figuren	*ironisch, kritisch, neutral, …*	36
Genus, das	grammatisches Geschlecht	*maskulin, feminin, neutral*	–
Imperativ, der	Befehlsform des Verbs	*Komm mit! Hilf mir! Geht langsam!*	–
Indikativ, der	Wirklichkeitsform des Verbs	*Er kommt mit. Er hilft ihr.*	–
indirekte Rede, die	Form der Redewiedergabe	*Sie sagt, er komme mit.*	12, 20, 41
Infinitivgruppe, die	Nebensatz, der einen Infinitiv mit *zu* beinhaltet	*Er kommt mit, um sie zu sehen.*	–
Inversion, die	Wortfolge im Satz weicht von der üblichen Satzgliedfolge ab	*Dich erwarte ich.*	31, 42
Konjugation, die	Beugung des Verbs	*ich bin, du bist, er ist, wir sind*	40
Konjunktion, die	Bindewort	*nebenordnend: und, aber, denn … unterordnend: weil, damit, dass, wenn …*	62, 64, 70, 78
Konjunktiv I/II, der	Möglichkeitsform des Verbs	*I: Sie behauptet, sie habe nichts. II: Ich sagte, ich hätte nichts.*	25 f.
Kontrastfiguren, die	im Drama Figuren mit gegensätzlichen Merkmalen	*Prinz, Marinelli*	52, 60
Korrespondenzfiguren, die	im Drama Figuren, die einander entsprechen	*Emilia Galotti, Mutter*	52, 60
lyrischer Sprecher, der	die Stimme eines Gedichts	*lyrisches Ich*	25 ff., 42 f., 47, 49
Metapher, die	eine bildliche Vorstellung wird auf einen anderen Bedeutungsbereich übertragen	*Wüstenschiff, Warteschlange*	31, 42
Metrum, das	Versmaß eines Gedichts	*Jambus, Trochäus, Daktylus*	25 f., 31, 42, 45
Modus, der	Kategorie des Verbs, Verhältnis des Sprechers zur Satzaussage	*Imperativ, Indikativ, Konjunktiv*	25 f.
Nachfeld, das	Satzglieder, die im Satz auf die rechte Satzklammer folgen	*1948 brach Krieg aus in Palästina.*	67
Neologismus, der	sprachliches Bild, Wortneuschöpfung	*Knabenmorgen-Blütenträume*	42

Begriff	Erklärung	Beispiele	Seite
Nomen, das	Substantiv, Hauptwort	*Mut, Blume, Häuser*	30, 70, 74
Nominalstil, der	viele Substantivierungen, bedeutungs-schwache Verben, Verdichtung der Information	*sich die Befolgung der Anordnung zur Aufgabe machen*	–
Parallelismus, der	Wiederholung von Wortfolgen oder Satz-bauformen	*am grauen Strand, am grauen Meer*	25 f., 31, 42
Personalpronomen, das	persönliches Fürwort	*ich, du, er, sie, es, wir, ihr, sie*	62
Personifikation, die	Dinge oder Erscheinungen werden wie Lebewesen dargestellt	*Die Sonne lacht.*	27, 42, 47
Plural, der	Mehrzahl	*die Häuser, die Blumen*	–
Possessivpronomen, das	besitzanzeigendes Fürwort	*mein, dein, sein, ihr, unser, euer*	62, 74 f.
Prädikat, das	verbales Satzglied, Satzkern	*Sie **nimmt** das Buch.*	–
Präposition, die	Verhältniswort	*auf, in, mit, für, neben, trotz*	60 f., 70, 74
Protagonist, der	im Drama die Hauptfigur	*der Held*	31, 52, 60
Reimschema, das	im Gedicht Anordnung des Reims	*Paarreim aabb, Kreuzreim abab*	25, 31, 42, 45
Relativpronomen, das	bezügliches Fürwort	*der, die, das, welcher, welche, welches*	62, 78
Relativsatz, der	durch Relativpronomen eingeleiteter Ne-bensatz, Form des Attributs	*Sie nimmt das Buch, **das auf dem Tisch liegt.***	78
Satzgefüge, das	zusammengesetzter Satz aus HS und NS	*Ich hörte Musik, als ich nach Hause kam.*	70 f.
Satzglied, das	Teil des Satzes	*Subjekt, Objekt, Prädikat*	67
Satzverbindung, die	auch: Satzreihe, zusammengesetzter Satz aus HS und HS	*Ich kam nach Hause und ich hörte zuerst Musik.*	–
Singular, der	Einzahl	*das Haus, die Blume, ein Tier*	–
Substantiv, das	Nomen, Hauptwort	*Mut, Blume, Häuser*	30, 70, 74
Substantivierung, die	Wörter, die wie Substantive gebraucht wer-den	*beim Springen, etwas Großes*	74
Symbol, das	in einem Kulturkreis festgelegtes bildliches Zeichen	*„Herz" für „Liebe"*	42, 44, 91
Verb, das	Tätigkeitswort	*laufen, einkaufen, regnen*	30, 70, 76 f., 81
Verbalstil, der	übersichtlicher Satzbau und aussagekräftige Verben	*was angeordnet wird, muss auch befolgt werden*	–
Vergleich, der	Verknüpfung zweier Bedeutungsbereiche	*so rot wie Blut*	42
Vorfeld, das	Satzglieder, die im Satz vor der Satz-klammer stehen	***In Palästina** brach 1948 Krieg aus.*	67
Wortfamilie, die	stammverwandte Wörter	*fahren, Fahrer, Fahrplan*	62
Wortfeld, das	sinnverwandte Wörter	*Fahrzeug, Auto, Räder*	62
wörtliche Rede, die	Rede von Figuren im Text	*„**Es regnet heute**", sagte er.*	32, 41
Zeitdehnung, die	Erzählzeit ist länger als erzählte Zeit	*Sie sah mich misstrauisch und durchdringend an, sodass mir ein Schauer über den Rücken lief.*	–
Zeitraffung, die	Erzählzeit ist kürzer als erzählte Zeit	*Viele Jahre vergingen, bis wir uns wiedersahen.*	–

Text- und Bildquellennachweis

Textquellen

S. 4: aus: Geitmann, Sven: Erneuerbare Energien&Alternative Kraftstoffe. Hydrogeit Verlag, Kremmen, 2005, S. 14f.; **S. 5:** aus: Quaschning, Volker: Erneuerbare Energie und Klimaschutz, Hanser Verlag München, 3. Auflage 2013, S. 16; von Weizsäcker, Ernst Ulrich: Vorwort. aus: Geitmann, Sven: Erneuerbare Energien&Alternative Kraftstoffe. Hydrogeit Verlag Kremmen, 2005, S. 4; Ganz schön energisch! nach: GEOlino extra Energie, Nr. 21, S. 32; **S. 8:** Wille, Holger: Ausgebrannt, aus: Geolino extra Energie, Nr. 21, S. 64f.; **S. 10:** aus: Quaschning, Volker: Erneuerbare Energien und Klimaschutz. Hanser Verlag München, 2013, S. 36–38; **S. 12:** Autorentext, nach: http://www.insiderinformationen.de/energiewende-neue-berufe-neue-studiengaenge-im-bereich-der-erneuerbaren-energie; **S. 16:** Es geht auch ohne. Der Mensch kann sich ohne Fleisch gesund ernähren (mp/jst/gh), nach: http://www.3sat.de/page/?source=/nano/bstuecke/15258/index.html, Abruf: 05.05.2015; Christine Ruhland: „Vegetarier leiden häufiger an Krebs und Asthma", nach: http://www.welt.de/gesundheit/article125270740/Vegetarier-leiden-haeufiger-an-Krebs-und-Asthma.html, Abruf: 05.05.2015; Theresa Bäuerlein: Fleisch essen, Tiere lieben. München: Ludwig 2011; Markus Keller (Zitat), nach: http://www.3sat.de/page/?source=/nano/bstuecke/15258/index.html, Abruf: 05.05.2015; Bärbel Höhn (Zitat), nach: http://www.spiegel.de/gesundheit/ernaehrung/salami-mett-schinken-wurst-oft-mit-esbl-keimen-belastet-a-970535.html, Abruf 05.05.2015; Barbara Erbe: Gesund Grillen: Fleisch, Fisch & Gemüse, nach: http://www.apotheken-umschau.de/Ernaehrung/Gesund-Grillen-Fleisch-Fisch--Gemuese-219591.html, Abruf: 05.05.2015; Ist Biofleisch gesünder?, nach: http://www.oeko-fair.de/index.php/cat/1406/title/Ist_Biofleisch_gesuender_, Abruf: 05.05.2015; Irene Berres: Biolebensmittel: Nicht gesünder, nur besser, nach: http://www.spiegel.de/gesundheit/ernaehrung/oekolandwirtschaft-biolebensmittel-schuetzen-die-umwelt-a-853780.html, Abruf: 05.05.2015; „Bei 32 Prozent … Jonathan Safran Foer: Tiere essen. Übers. v. Isabel Bogdan. Köln: Kiepenheuer & Witsch, 2010, S. 289 ff.; **S. 17:** Elisabeth Raeter und Tanja Stelzer: Süße Geschäfte (Auszug), aus: DIE ZEIT 20/2013, 19. Mai 2013; **S. 19:** Jost Maurin: nach: http://www.taz.de/!142415/, Abruf: 05.05.2015; Christian Jentzsch (Zitat), nach: http://future.arte.tv/de/bio-illusion#article-anchor-16676, Abruf: 05.05.2015; Gerlad Wehde/Bioland e.V. (Zitat), nach: http://www.salto.bz/de/article/17072014/bio-lebensmittel-bald-den-medizinschraenken Abruf: 18.05.2005; **S. 20:** Matthias Wolfschmidt von foodwatch, nach: http://www.fluter.de/de/ernaehrung/thema/3632/, Abruf: 05.05.2015; **S. 22 ff.:** aus: Max Frisch: Biedermann und die Brandstifter: Suhrkamp Verlag, Frankfurt am Main 1958, 1996, Szenen 1, 4 und 6; **S. 27:** Max Frisch: Tagebuch 1946-1949, suhrkamp taschenbuch 1148, S. 141; **S. 28:** Gedicht Niemöller und Hintergrundinformationen, unter: http://www.martin-niemoeller-stiftung.de/4/daszitat/a31, Abruf: 19.05.2015; **S. 33ff.:** aus: Murail, Marie-Aude: Simpel. Übers. v. Tobias Scheffel. Fischer Taschenbuch Verlag, Frankfurt am Main, 2007; **S. 42:** Robert Kroiß: Fragen. aus: http://www.aphorismen.de/gedicht/197655, Abruf: 19.05.2015; **S. 43:** Robert Kroiß, Zitate, aus: http://www.aphorismen.de/suche?f_autor=2179_Robert+Kroi%C3%9F&seite=2, Abruf: 19.05.2015; Erich Fried: Notwendige Fragen. aus: Erich Fried: Gründe: Gesammelte Gedichte. Berlin: Wagenbach 1989, S. 85; **S. 44:** aus: Julia Engelmann: Eines Tages Baby, Wilhelm Goldmann Verlag, München, in der Verlagsgruppe Random House GmbH, Originalausgabe Juni 2014, S. 61 f.; **S. 47:** Erich Fried: Fragen nach Tschernobyl. Aus: Erich Fried: Am Rande unserer Lebenszeit. Gedichte. Berlin: Wagenbach 1987; Akela Kunze: GAU-Jahrestage. Aus: Tschernobyl in tausend Kinderschuhen. Gedichtband anlässlich des 20. Jahrestages, Göttingen, 2006; Günter Kunert: Augenaufschlag. Nach Tschernobyl. aus. Günter Kunert: Die befleckte Empfängnis. Gedichte. Berlin, Weimar: Aufbau 1988, S. 84. **S. 48:** aus: Bertolt Brecht – Die Gedichte, Frankfurt: Suhrkamp Verlag, 2007, S. 291; **S. 49:** Erich Fried: Kleine Frage. aus: Wo kommen die Worte her?, Neue Gedichte für Kinder und Erwachsene, herausgegeben von Hans-Joachim Gelberg, Beltz & Gelberg, 2011, Weinheim, Basel, S. 223; **S. 50:** Johannes Kühn: Schuttabladeplatz. aus: Johannes Kühn: Ich Winkelgast. Gedichte. München, Wien: Hanser 1989; **S. 53 ff.:** aus: G. E. Lessing: Emilia Galotti (1772), Stuttgart: Reclam, 1995; **S. 62 ff.:** Einleitung: Bundeszentrale für politische Bildung, Dossier Arabischer Frühling, unter: https://www.bpb.de/internationales/afrika/arabischer-fruehling/, Abruf: 03.05.2015; Text: Dr. Muriel Asseburg: Die historische Zäsur des Arabischen Frühlings, 11.10.2011, bpb, unter: https://www.bpb.de/internationales/afrika/arabischer-fruehling/52389/einfuehrung, Abruf: 03.05.2015; **S. 64:** Sätze aus: ASDA'A Burson-Marsteller-Studie, unter: http://burson-marsteller.de/2013/04/asdaa-burson-marstellerstudie-arabische-jugendliche-sehen-die-zukunft-positiv/, Abruf: 20.05.2015; **S. 65:** Bernhard Zand: Welt aus den Fugen. aus: Großbongardt/Pötzl (Hrsg.): Die neue arabische Welt, bpb, Schriftenreihe Bd. 1186, München 2011, S. 17–31; **S. 66:** aus: Alexander Erich: Kinder und Jugendliche im Nahen Osten und in Nordafrika, Eichborn 2008, S. 7, unter: http://www2.gtz.de/wbf/4tDx9kw63gma/Kinder_und_Jugendliche_in_der_MENA_Region.pdf,, Abruf: 22.05.2015; **S. 69:** Die Gaza-Monologe, unter: http://masrah-theater.net/index.php/de/projekte-symposien-festivals/die-gaza-monologe/80-projekt-die-gaza-monologe, Abruf: 02.06.2015; **S. 70:** Martina Doering: unter: http://www.berliner-zeitung.de/archiv/viele-jugendliche-in-iran-geniessen-heute-neue-freiheiten--doch-fuer-das-schoene-leben-braucht-man-geld---und-wer-keines-hat--haelt-auch-nichts-von-weiteren-reformen-der-alkohol-kommt-mit-dem-taxi,10810590,9815248.html , Abruf: 22.05.2015; **S. 71:** Julia Gerlach: unter: http://www.fr-online.de/medien/saudi-arabien-kino-saudi-arabien-erlaubt-kinos,1473342,29004192.html, Abruf: 22.05.2015; **S. 73:** Schülerpraktikum, Informationen nach: http://www.meinpraktikum.de/schuelerpraktikum, Abruf: 21.05.2015; **S. 83:** Hörtext, unter: http://www.audible.de/pd/Bildung-Wissen/Ach-so-Hoerbuch/B004V2TZRW/ref=a_search_c4_3_15_srTtl?qid=1415729040&sr=3-15; **S. 86:** Test Lesen Sachtext BodyArt: Wissen plus. Das Wissensmagazin exklusiv für Kunden der inmediaONE. Bertelsmann Lexikothek Coron Exkclusiv Brockhaus Faksimile Verlag 2/2014; **S. 89:** aus: Wolfgang Borchert: Die traurigen Geranien und andere Geschichten aus dem Nachlaß. Rowohlt, Reinbek 1967, S. 13–15; **S. 92:** Test Schreiben: „Medizinische Bedenken" und „Nachteile im Job", nach: http://www.helpster.de/vor-und-nachteile-von-tattoos_176408, Abruf 03.06.2015, Tobias Gawrisch; Statistische Angaben, unter: http://aktuell.ruhr-uni-bochum.de/meldung/2014/05/meld02014.html.de, Abruf: 21.05.2015

Bildquellennachweis

Cover.U1 links Filmszene aus: Romeo & Julia, USA 1996, Regie: Baz Luhrman © Interfoto (NG Collection), München; **Cover.U1 rechts** akg-images, Berlin; **Cover.U4 links** Picture-Alliance (abaca), Frankfurt; **Cover.U4 rechts** shutterstock.com (anev), New York, NY; **6** Schugk, Barbara, Jessen, OT Rade; **10** Picture-Alliance (dpa/Infografik), Frankfurt; **11** Klett-Archiv (Diana Jäckel, Erfurt), Stuttgart; **13** Quellen: BMU/AGEE-Stat, DLR/DIW/ZSW/GWS/Prognos, UBA, BEE, Stand 3/2012; **14.o.l.** Picture-Alliance (Westend61), Frankfurt; **14.o.m.** Fotolia.com (K.-U. Häßler), New York; **14.o.r.** Picture-Alliance (dpa-Zentralbild/Patrick Pleul), Frankfurt; **14.u.l.** iStockphoto (NWphotoguy), Calgary, Alberta; **14.u.m.** shutterstock.com (Peter Hermes Furian), New York, NY; **14.u.r.** shutterstock.com (BESTWEB), New York, NY; **18** Quelle: Ernährungsstudie als KiGGS Modul, Robert Koch Institut 2008; **21** Picture-Alliance (blickwinkel/McPHOTO), Frankfurt; **28** Ullstein Bild GmbH, Berlin; **29** Süddeutsche Zeitung Photo (Süddeutscher Verlag Bilderdienst, München), München; **33** S. Fischer Verlag GmbH, Frankfurt am Main; **44** Stehr, Matthias, Hamburg; **46.u** shutterstock.com (Nomad_Soul), New York, NY; **46.l.** Picture-Alliance (dpa), Frankfurt; **46.r.** Corbis (Igor Kostin/Sygma), Berlin; **52** Ullstein Bild GmbH (Lebrecht Music & Arts), Berlin; **63** Picture-Alliance (dpa/Ali Garboussi/Wostok Press/Maxppp), Frankfurt; **69** Angelika Vetter/Institut für Palästinakunde, Bonn; **73.l.** shutterstock.com (www.BillionPhotos.com), New York, NY; **73.r.** shutterstock.com (VGstockstudio), New York, NY; **86** Fotolia.com (nzgmw), New York; **92** Thinkstock (Digital Vision), München